Almuth Bartl

Alles im Griff!

Schnelle Tipps, Ideen und Spiele für eine entspannte Atmosphäre im Klassenzimmer

Auer Verlag GmbH

Gedruckt auf umweltbewusst gefertigtem, chlorfrei gebleichtem
und alterungsbeständigem Papier.

1. Auflage. 2007
Nach den seit 2006 amtlich gültigen Regelungen der Rechtschreibung

Illustrationen: Martin Pfaender
Umschlaggestaltung: Glas AG, Seeheim-Jugenheim
Satz: fidus Publikations-Service, Augsburg
Druck und Bindung: Ludwig Auer GmbH, Donauwörth
ISBN 978-3-403-0**4783**-4

www.auer-verlag.de

Inhalt

Müller

1. Schöner lernen: Ein Klassenzimmer zum Wohlfühlen

Ein Ort zum Wohlfühlen

Wie schafft man es, ein ganz gewöhnliches Klassenzimmer in einen Platz zum Wohlfühlen für Kinder und Lehrer zu verwandeln?
Es ist zuallererst die Atmosphäre, die im Klassenzimmer herrscht. Sie ist ausschlaggebend für das Wohlbefinden. Ganz egal, ob sich das Klassenzimmer in einem Altbau befindet und mit wackeligen Uraltstühlen und zerkratzten Tischen vollsteht, oder ein Superluxusraum mit Hightech-Ausstattung, Teppichboden und Designergardinen. Der Umgangston, die Freundlichkeit, mit der die Schüler untereinander und mit den Lehrern umgehen, gegenseitiger Respekt und eine gute Portion Fröhlichkeit sind das Fundament zum Wohlfühlen.
Es sind nie die großen Dinge, die den Ausschlag geben. Kleinigkeiten, wie das Aufhalten einer Tür, der Gebrauch von Wörtern und Redewendungen wie „danke", „bitte", „Es tut mir leid." etc., das spontane Ausleihen eines Stiftes, der Anruf bei einem kranken Mitschüler und dergleichen mehr prägen das Klassenklima.

Gewöhnungsbedürftig

Auch für die Lehrerin ist das neue Klassenzimmer zunächst einmal gewöhnungsbedürftig. Darum ist es klug, schon Tage vor Schulbeginn das Klassenzimmer immer wieder einmal zu verschiedenen Tageszeiten zu besuchen. Wie ist der Lichteinfall morgens um 8.00 Uhr, wie ist er mittags? Welche Geräusche werden uns während des Schuljahres wohl begleiten (Verkehr, angrenzender Kindergartenspielplatz ...)? Welche Geräusche werden vorübergehend eine Belastung darstellen (Neubau der Sporthalle ...)? In welchem Zustand sind die Klassenzimmermöbel? Welche zusätzlichen Raumelemente (Teppich, Sofa ...) können untergebracht werden?

Tipp: Stellen Sie sich mit dem Hausmeister gut! Gerade wenn Sie Veränderungen im Klassenzimmer planen, ist es wichtig, den Hausmeister auf Ihrer Seite zu haben. Da muss vielleicht eine zusätzliche Steckdose angebracht, Lampen ausgetauscht werden und vieles mehr.

„Basics“

Die Einrichtung und Gestaltung des Klassenzimmers sollte in erster Linie einem reibungslosen Ablauf des Unterrichts dienen und gemeinsam von Lehrern und Schülern durch äußere Gestaltung und positive Interaktion in einen freundlichen, gemütlichen Lebensraum, nicht aber in „Grandma's attic“, auch nicht in ein Jugendfreizeitheim oder eine Wärmestube verwandelt werden. Zu einem funktionellen Klassenzimmer gehört all das, was Schüler und Lehrer für einen geregelten Unterrichtsablauf brauchen: Tische, Stühle, Wandtafel, Schreib- und Bastelmaterialien, Regale, Bücher zum Lernen, zum Weiterlernen, zum Nachschlagen und Schmökern, Zeitschriften, Pinnwände, Bilder, eine Uhr, ein Innen- und Außenthermometer, Freiarbeitsmaterialien, Lernspiele bzw. Spiele, die die Grundfähigkeiten des Lernens unterstützen (Memory ...), ein Erste-Hilfe-Kasten, Computer mit entsprechender Software, Overheadprojektor, ein Kassettenrekorder, ein Radio, nach Möglichkeit auch ein Fernseher mit DVD-Rekorder. Dieser Grundstock wird jeweils entsprechend dem Unterrichtsstoff durch weitere Materialien ergänzt. Regen Sie die Schüler immer wieder dazu an, zum Unterricht passende Gegenstände (Briefwaage, ausländische Münzen ...) von zu Hause mitzubringen. Wenn am Freitag der Plan der nächsten Woche vorgestellt wird, sollte auf notwendige Dinge aufmerksam gemacht werden, die die Kinder vielleicht daheim haben oder Naturmaterialien, die am Wochenende besorgt werden könnten, zum Beispiel: Laub, Moos, Steine, Blumen usw.

Der Türsteher

Was für eine Begrüßung, wenn vor der Klassenzimmertür ein völlig verrückt gekleideter, ausgestopfter Türsteher die Kinder begrüßt. Den fröhlichen Türsteher näht man aus alten, ausrangierten Kleidungsstücken zusammen und stopft ihn mit Stroh, Zeitungspapier, alten Textilien, Schaumgummistücken oder Verpackungs-Styroporchips aus. Der Kopf wird zum Beispiel aus einem hellen Kopfkissenbezug hergestellt, den man nach dem Ausstopfen und Annähen noch mit einem lustigen Gesicht bemalt. Die Hände des ausgestopften Türstehers werden aus ausrangierten Handschuhen oder Gummihandschuhen „gezaubert“. Klar, dass der Bursche noch einen Namen braucht, aber da haben die Schüler bestimmt ein paar gute Ideen. Wer will, hängt dem Türsteher (oder Türsitzer) noch ein Willkommensschild um den Hals.

Ein Minigarten am Fensterbrett

Ein Kistchen wird halb voll mit Gartenerde gefüllt. Die ganze Klasse begibt sich dann ins Freie. Abwechselnd nimmt jeder einen dicken, angefeuchteten Stoff in die Hand und zieht ihn ein Stückchen weit über eine Blumenwiese. So werden automatisch verschiedene Blumen- und Grassamen eingesammelt. Wieder zurück im Klassenzimmer legt man den Stoff in das Kistchen und krümelt Erde darüber. So, jetzt muss das Ganze immer gut feucht gehalten werden! Schon nach ein paar Tagen erscheinen eine Menge verschiedener Pflanzen. Wer es ganz genau wissen will, schlägt im Naturkundebuch nach, um welche Pflanzen es sich handelt.

Straßenverkehr

Mit einfachem Kreppband kann man auf dem Boden tolle Straßen, Autobahnen, Parkplätze, Kreuzungen usw. aufkleben. Mit Bauklötzen oder Legosteinen werden zusätzlich noch Häuser und Brücken gebaut. Kleine Spielzeugfiguren eignen sich als Fußgänger. Dann setzt man Spielzeugautos, Laster und Verkehrsschilder auf die Straßen und los geht der Spaß.

Tipp: Wer das Ganze auf einen Duschvorhang oder ein Stück PVC-Bodenbelag klebt, kann die Verkehrsecke je nach Bedarf aus- und wieder einrollen.

Die Informationszentrale

Jede Klasse braucht eine Informationszentrale. Das kann zum Beispiel die Klassenzimmertür sein, an der ein Jahresplaner hängt, in den alles eingetragen wird, was für die Klasse von Wichtigkeit ist. Also zum Beispiel Ausflüge und Exkursionen, die für einen bestimmten Tag geplant sind, Schulaufgabentermine und vieles mehr. Wichtige Neuigkeiten, beispielsweise Zeitungsausschnitte, werden natürlich ebenfalls dort angeheftet. Andere Ankündigungen können auf kleine Zettel (Post-it) geschrieben und ebenfalls an die Tür geklebt werden, sodass alle Kinder und Fachlehrer ständig auf dem neuesten Stand sind. Auch eine Liste mit den wichtigsten Telefonnummern sollte hier zu finden sein.

Die Sitzordnung

Ganz gleich, welche Sitzordnung der Schüler Sie bevorzugen: Schaffen Sie Mobilität im Klassenzimmer! Viele Schulstunden fordern eine bestimmte Sitzordnung, zum Beispiel Gruppentische für Kleingruppen. Wichtig ist, dass die Schüler gelernt haben, die Tische und Stühle in kürzester Zeit in die gewünschte Ordnung zu bringen, dass jeder Schüler von seinem Sitzplatz dem Unterrichtsgeschehen optimal folgen kann und dass Sie als Lehrerin problemlos jeden Schüler erreichen können.

Ein Tisch mit Polstern

Scharfe Kanten von Tischen und anderen Möbelstücken kann man kindersicher abpolstern, indem man sie mit ausrangierten Schulterpolstern umhüllt, und die Polster mit breitem Klebeband festklebt.

Das Klassenzimmer-Gedächtnisspiel

Ändern Sie jeden Morgen, bevor die Kinder ins Klassenzimmer kommen, eine Kleinigkeit und versprechen Sie demjenigen ein Gummibärchen, der die Veränderung zuerst entdeckt. Sie schulen darin die Aufmerksamkeit der Kinder für ihr Umfeld. So eine Kleinigkeit könnte zum Beispiel eine neue Pflanze am Fensterbrett sein, ein frisches, buntes Handtuch neben dem Waschbecken, ein neues Kalenderblatt für den heute beginnenden Monat etc.

Die „Allererste-Hilfe-Box“

Für die kleinen Verletzungen des Alltags muss man nicht jedes Mal ins Büro oder Lehrerzimmer laufen, um sich dort verarzten zu lassen. Im Klassenzimmer steht, für alle Schüler zugänglich, die „Allererste-Hilfe-Box“ mit folgendem Inhalt:

- Papiertaschentücher,
- Pflaster,
- Pinzette,
- Nagelzwicker und Nagelfeile,
- Desinfektionsmittel für kleinere Wunden,
- Sicherheitsnadeln,
- ein kleines Nähzeug,
- eine Schere.

Die Fundgrube

Je größer die Klasse, umso wichtiger ist eine „Fundgrube“. Eine Truhe oder Kiste mit Deckel sind dazu prima geeignet. Anstatt großen Aufhebens um herumliegende Mützen, Radiergummis und vieles mehr zu veranstalten, werden die Sachen vom Finder einfach in die Fundgrube gelegt. Wer dann etwas vermisst, weiß, wo er zuerst nachschauen muss. Einmal in der Woche – an immer dem gleichen Wochentag zur gleichen Tageszeit – werden die Reststücke an ihre Besitzer versteigert. Wem bis jetzt noch nicht aufgefallen ist, dass sein Lesebuch in der Fundgrube wartet, muss, um das gute Stück wieder zu erlangen, eine Arbeit vorschlagen, die er zum Wohle aller ausführen wird, zum Beispiel: eine Woche lang Blumen gießen oder den Papierkorb ausleeren etc.

Meisterwerke

Die Lust der Kinder am Malen, Basteln, Handarbeiten, Schönschreiben usw. hängt in großem Maße von der Art und Weise ab, wie die Werke gelobt und bewundert werden. Nun hat man meistens nicht den nötigen Platz, um all die Meisterwerke einer großen Klasse aufzuhängen. Gute Dienste leistet da aber eine Wäscheleine, die man beispielsweise an einer Klassenzimmerwand spannen kann. Daran lassen sich die Bilder, Blätter, Siegerurkunden usw. mit Büroklammern oder Mini-Wäscheklammern prima aufhängen.
Nicht vergessen: Die Exponate laufend auf dem neuesten Stand halten.

Vernetzt

Netze, zum Beispiel grüne Gartennetze, eignen sich prima als Dekoration, wenn man sie an der Zimmerdecke oder an freien Wänden und in Zimmerecken anbringt. Vom Netz baumeln, je nach aktuellem Unterrichtsthema, kleine Gegenstände an Gummibändchen, bunte Holz-, Plastik- oder Pappbuchstaben, selbst gebastelte Papierschiffchen, bunte Fische, Fotos, Wortkärtchen usw.

Das Außenthermometer

Jeder Schüler darf am Morgen, nach einem Blick auf das Außenthermometer, schätzen, wie viel Grad das Thermometer wohl bei Unterrichtsschluss anzeigen wird. Wessen Schätzung der Wirklichkeit am nächsten kam, bekommt eine kleine Belohnung.

Ein stiller Freund am Fensterbrett

Eine Topfpflanze im Klassenzimmer weckt in den Kindern das Gefühl, sich für etwas Lebendiges verantwortlich zu fühlen. Ganz nebenbei kann man Wachstum, Blüten und Früchte ganz in Ruhe beobachten und wenn man Glück hat, sogar Ableger mit nach Hause nehmen.
Eine Grünlilie eignet sich besonders gut als Klassenzimmerpflanze, weil sie gelegentliche „Misshandlungen" nicht übel nimmt.

Der Wartekalender

Warten ist für Kinder schwer. Je kleiner sie sind, umso geringer ist ihre Zeitvorstellung. Je nachdem, worauf gerade gewartet wird, zum Beispiel auf einen Ausflug oder aufs Schulfest, kann ein Wartekalender gute Dienste leisten. Auf ein weißes Zeichenblatt werden – entsprechend der Wartetage – ebenso viele Ausmaltierchen oder Dinge mit dickem schwarzem Stift gemalt. Jeden Tag darf ein anderer Schüler eine Figur aussuchen und mit Buntstiften ausmalen. Sind schließlich alle Figuren bunt, ist die Wartezeit vorbei!

Stapelkisten

Im Baumarkt gibt es Plastikkisten in allen Größen, um jeweils das Lern-, Bastel- oder Spielmaterial aufzubewahren.
Aufeinandergestapelt nehmen die Kisten wenig Platz im Klassenzimmer weg und die Schüler können ihre Sachen leichter aufräumen, wenn sie wissen, wo die Sachen hingehören.
Bewahren Sie die Materialien nie in Plastiktüten auf. Die Dinge gehen darin leicht kaputt und eine leere Plastiktüte kann für ein Kind tödlich sein, wenn es sich die Tüte über den Kopf zieht.

Das Klassenmobile

Ein Mobile, beklebt mit lustigen Fotos von allen Schülern und Lehrern, vielleicht sogar inklusive Horst und Herta Goldfisch, ist einfach zu basteln und eine tolle Dekoration – nicht nur im Klassenzimmer.

Auszeit

Viele Kinder werden gereizt und aggressiv, wenn sie sich überfordert fühlen. Dabei ist es meistens nicht das Lernpensum, das dazu führt, sondern der Geräuschpegel durch die Anwesenheit so vieler Menschen, die ständig wechselnden optischen und akustischen Reize usw.
Für solche Fälle dient ein kleines Versteck, in dem ein Kind wenigstens für kurze Zeit „Unterschlupf" finden kann. So ein Versteck kann ein kleines Zelt sein, das in einer Ecke des Klassenzimmers steht. Aber auch ein bequemer Sessel, in den man sich für fünf Minuten hineinkuscheln und die Augen schließen kann, tut gute Dienste.

Der Geburtstagsthron

Ein ausrangierter Stuhl wird mit bunten Farben angemalt und so zum Geburtstagsstuhl der Klasse.
Kommt das Geburtstagskind am Morgen ins Klassenzimmer, steht, statt des normalen Stuhles, der Geburtstagsstuhl an seinem Platz. Toll wäre es natürlich, wenn noch ein paar bunte Luftballons am Stuhl hingen, vielleicht sogar noch einige Bonbons an bunten Bändchen und was das Budget noch so hergibt.

Blumen

Blumen in der Vase geben jedem Klassenzimmer Farbe und Frische. Getrocknete Blumensträuße oder Seidenblumen sind dagegen meistens nichts als Staubfänger und wirken auf die Dauer langweilig und einschläfernd.
Toll wäre es natürlich, wenn jede Woche eine andere Schülergruppe für frische Blumen sorgt.

Das Klassenzimmerthermometer

Jeden Tag ein Blick aufs Thermometer schult das Gefühl für Temperaturen. Wenn es im Klassenzimmer ungemütlich wird, ist oft eine falsche Temperatur daran schuld. Überheizte Räume machen müde und träge. Halten Sie die Temperatur eher kühl! Dabei lässt sich besser denken und lernen.

Das Lehrerpult

Einer Umfrage zufolge sitzen Lehrer am liebsten mit „Rückendeckung", also zum Beispiel mit einer Wand im Rücken vor der Klasse. Sollte sich das nicht verwirklichen lassen, hilft manchmal schon eine Jacke über der Stuhllehne, um die gewünschte „Rückendeckung" zu erhalten.

Ein Souvenir von zu Hause

Das Klassenzimmer soll natürlich auch für die Lehrer gemütlich sein. Überlegen Sie, wodurch Sie sich in diesem Raum behaglicher fühlen. Manche Lehrkräfte nehmen ein besonderes Sitzkissen mit oder stellen ein Foto von ihrer Familie auf das Pult. Eine kleine Schreibtischlampe von zu Hause wirft ein angenehmeres Licht auf das Pult als die Deckenbeleuchtung, die Lieblingskaffeetasse und die Lieblingsseife am Waschbecken, die gewohnte Schreibtischunterlage und ein Bild eines geschätzten Malers an der Wand eignen sich ebenfalls als kleine Souvenirs von zu Hause.

Musik liegt in der Luft

Wählen Sie beruhigende, entspannende Hintergrundmusik aus, wenn die Kinder in Stillarbeit einfache Aufgaben, wie Aus- und Abmalen erledigen sollen.

Es werde Licht!

Je mehr natürliches Licht im Klassenzimmer, desto besser. Die Fensterbretter sollten deshalb nicht zugestellt werden. Pflanzen gedeihen auch auf einem Regalbrett in Fensternähe. Reicht das natürliche Licht nicht aus, müssen genügend künstliche Lichtquellen vorhanden sein. Ein düsteres Klassenzimmer wirkt sich besonders in den dunklen Monaten negativ auf die Stimmung aller „Bewohner" aus. Darum gegebenenfalls zusätzliche Lampen anbringen lassen. Glühbirnen und Röhren sollten immer mal wieder abgewischt werden, um ihre Leuchtkraft nicht zu verlieren.

Lichtimpulse

Die Helligkeit im Klassenzimmer kann und sollte je nach Aufgabe verändert werden können, sodass dadurch bereits ein Impuls für die Kinder ausgeht. Wird zum Beispiel eine Geschichte vorgelesen, so reicht das Leselicht der Lehrerin meist aus. Das Klassenzimmer kann verdunkelt werden, damit die Kinder sich besser auf das Zuhören konzentrieren können. Übrigens gibt es während dieser „Verdunkelungsphasen" weit weniger Unruhe im Klassenzimmer.

Die „Englischecke"

Grundschulkinder sind sehr stolz darauf, dass sie schon Englisch lernen dürfen. Eine „Englischecke" im Klassenzimmer wird daher auch meistens sehr gut besucht. Hier hängen die Wort-Bildkärtchen der ersten Vokabeln, Bilder von England, den USA oder Australien. Eine Weltkarte zeigt die Gebiete unserer Erde, in denen Englisch gesprochen wird. Da der erste Englischunterricht meistens themenbezogen abläuft, werden entsprechende Bilder oder Dinge, die zum jeweiligen Thema gehören, ebenfalls in der „Englischecke" ausgestellt. Da gibt es zum Beispiel das Thema „Halloween" und dazu entsprechende Bilder, Masken, Zeitungsausschnitte, Bücher bzw. Kopien bestimmter Buchseiten, die Wortkärtchen des erarbeiteten Wortschatzes und das alles wird überzogen mit einem riesigen Spinnennetz.

Zitrusduft im Klassenzimmer

Während der Wintermonate schälen die Schüler ihre Mandarinen und Orangen, die sie als Pausensnack dabeihaben, noch im Klassenzimmer und legen die Schalen in ein eigens dafür aufgestelltes Körbchen. So kann man das Klassenzimmer ganz ohne Geldausgabe für Aromaöle in wundervollen, belebenden Orangenduft hüllen.

Die Leseecke

Eine Leseecke könnte zum Beispiel ein Teppich sein mit vielen bunten Kissen oder ein gemütlicher kleiner Tisch mit bequemen Stühlen drum herum. Wer mit seiner Arbeit schon fertig ist, oder wer zum „Recherchieren" bestimmter Sachthemen ein Plätzchen braucht, nimmt seine Materialien und macht es sich in der Leseecke gemütlich. Hier steht dann auch der Vorlesesessel, in dem die Vorleser Platz nehmen. Um den Sessel herum sitzen die Kinder auf dem Leseteppich oder ihren Stühlen.

Tipp: Eine kleine Leselampe am Platz des Vorlesers fokussiert die Aufmerksamkeit der Kinder zusätzlich.

Wer ist denn das?

Kollegen und alle anderen Personen, die an der Schule arbeiten, werden fotografiert und die Fotos auf einen großen Bogen Tonpapier geklebt. Dann versieht man jedes Bild mit einem Symbol, das auf die Tätigkeit des Fotografierten hinweist. So erscheint zum Beispiel ein Hammer neben dem Bild der Werklehrerin, ein Buch neben dem Foto der Bibliothekarin, eine Schneeschaufel neben dem Foto des Hausmeisters und eine Brezel neben seiner Frau, die in der Pause immer die Backwaren verkauft.

Post

Während der nächsten Ferien soll jedes Kind eine Ansichtskarte an seine Klasse schreiben. Dazu teilt die Lehrerin Zettel an die Kinder aus, auf denen die genaue Adresse der Schule steht. (Glauben Sie nicht, dass die Eltern die genaue Adresse wissen!) Ganz egal, ob man verreist oder zu Hause bleibt, man sucht die allerschönste Ansichtskarte der Welt aus und schickt sie an seine Klasse.
Ja und das Tollste kommt, wenn die Schule wieder beginnt und alle Kinder die bunten Ansichtskarten auf der Pinnwand im Klassenzimmer entdecken.

Der Sonnenblumenwettbewerb

Jedes Kind bringt von zu Hause einen Blumentopf mit Gartenerde mit. Die Lehrerin gibt dann jedem Schüler einen Sonnenblumenkern zum Einpflanzen. Wessen Pflanze zuerst aus der Erde hervorsprießt, innerhalb der ersten zwei Wochen am schnellsten wächst, später dann am schönsten blüht, erhält einen kleinen Preis.

Die „Fitnessecke“ im Klassenzimmer

Okay, irgendwann gehen auch im schönsten Klassenzimmer die Ecken aus und kaum ein Klassenzimmer wird sich dauerhaft eine „Fitnessecke“ leisten. Aber gerade in den trüben Monaten, wie beispielsweise im November oder Januar, wenn für die Kinder auch die Möglichkeiten zum Austoben geringer sind, ist so eine Ecke viel wert. Sprechen Sie doch mal auf dem nächsten Elternabend darüber. In vielen Kellern dümpeln Heimtrainer, Rudergeräte und andere Sportgeräte, die einst mit guter Absicht angeschafft wurden, schwermütig vor sich hin. Genau diese Dinge brauchen wir jetzt für die „Fitnessecke“ im Klassenzimmer. Zusätzlich könnten noch diese Gegenstände in der Ecke bereitstehen:
Eine Boxbirne, Springseil, Matratze, Kissen, Gummischnur für Gummitwist, Bälle, Reifen, Seil zum Balancieren auf dem Boden, Sprossenwand, eine aufgeblasene Luftmatratze zum Trainieren des Gleichgewichtsinnes, wenn man darübergeht, Zielscheibe für ungefährliche Wurfspiele (zum Beispiel: Bällchen mit Velcro-Beschichtung).

Immer an der Wand entlang

An den Wänden sollten ausreichend viele Pinnbretter hängen, auf denen mindestens folgende Bereiche eingerichtet und gepflegt werden sollten:

- Der Wochenplan mit Lernzielangaben der einzelnen Stunden. Jeder Schüler erfährt spätestens am Freitag, was nächste Woche auf ihn zukommt.
- eine Liste der Ämter, in der die Namen der Schüler, die in dieser Woche für die jeweiligen Bereiche zuständig sind, angeheftet werden können. Für die ersten Grundschulklassen empfiehlt es sich, die Ämter durch entsprechende Bilder, Symbole oder am besten durch Fotos darzustellen. Beispiel: Der Blumendienst: Auf dem Foto ist eine Schülerin beim Blumengießen zu sehen.
- ein mit Fotos illustrierter Geburtstagskalender der Kinder.
- Platz für wichtige Regeln, Formeln (z. B. Umrechnung von Größen), bebilderte Vokabeln, Rechtschreib- und Gesprächsregeln etc. Achtung: Gehen Sie nicht inflationär mit diesen Regeln um, sondern beschränken Sie sie auf die in dieser Woche notwendigen.
- Print-Material zu aktuell bearbeiteten Themen (Magnetismus, Lebensgemeinschaft „Wald" etc.)

Die Spiel- und Bauecke

Wenn Sie wollen, dass man auch noch in angrenzenden Landkreisen von Ihrem Klassenzimmer redet, dann machen Sie Platz für die Spiel- und Bauecke!
Ein aufblasbares Kinderplanschbecken wird in eine Ecke des Klassenzimmers geschoben und mit (möglichst großen) Legosteinen gefüllt. Wer schnell und gut arbeitet, flitzt in die Ecke und darf nach Herzenslust spielen.

Tipps:

1. Legosteine und andere Bau- und Steckmaterialien gibt es am günstigsten auf Flohmärkten. Aber scheuen Sie sich nicht eine Anzeige im örtlichen Regionalblättchen aufzugeben, dass Sie für Ihre Klasse solche Teile in unbegrenzter Anzahl suchen.
2. Anstelle der Legosteine tun auch gewöhnliche Holzbausteine gute Dienste. Abfallholz bekommt man meistens bei Schreinereien geschenkt. Jetzt braucht man nur noch eine liebe Werklehrerin oder/und nette Eltern, die die Steine ein bisschen abhobeln, und dadurch zum Spielen angenehmer machen.

Schöner lernen

Was macht ein Klassenzimmer außerdem noch zu einem fröhlichen Ort für Kinder?

- Ein Teppich mit vielen bunten Kissen anstelle des üblichen Stuhlkreises. Tipp: Teppich zusammen mit den Kissen einrollen. So nimmt er den wenigsten Platz weg, wenn er nicht gebraucht wird, und ist ratzfatz wieder da, wenn seine Zeit gekommen ist.
- Eine Hängeschaukel, in der immer derjenige sitzen darf, der etwas Besonderes tut, zum Beispiel der Vorleser. Aber auch Geburtstagskinder oder Gäste dürfen in diesem besonderen „Stuhl" Platz nehmen.
- Ein Zeltdach oder ein „Segel".
- Eine Schnur, die quer durchs Klassenzimmer (natürlich in entsprechender Höhe) gespannt wird, und an der Zeichnungen, Fotos oder Bastelarbeiten baumeln.
- Ein unempfindlicher, kleiner Zimmerbaum, der jeweils passend zur Jahreszeit geschmückt wird und während der dunklen Monate mit einer Lichtgirlande das Klassenzimmer heimelig verzaubert.

Der Weg zum Klo

Machen Sie mit kleinen Kindern eine Ortsbesichtigung und geben Sie Hilfen, wie sich die Kinder später orientieren können, z. B.: „Zum Mädchenklo geht es durch die grüne Türe mit dem Kasperlbild" usw.

Extratipp: Halten Sie in jedem Fall eine Jogginghose bereit! Im Eifer des Gefechts kann es einem Erstklässler schon mal passieren, dass er zu spät merkt, dass er aufs Klo muss. Seien Sie so diskret wie möglich! Die anderen Kinder sollten von diesem kleinen Missgeschick nichts erfahren!
In komplizierten Fällen markieren Sie den Weg vom Klassenzimmer zum Klo mit Klebepunkten auf dem Boden.

Halloween

Leuchtgespenster auf den Fensterbrettern sind in den dunklen Monaten tolle Dekorationsgegenstände. Kürbisse, Melonen, Orangen oder Mandarinen werden ausgehöhlt und mit Augen-, Nasen- und Mundhöhlen versehen. In diese Behälter stellt man – je nach Größe – ein oder mehrere Teelichter.
Teelichter stellen natürlich auch eine Gefahr dar. Deshalb dürfen sie nur im Beisein eines Lehrers brennen! Sicherer ist in jedem Fall eine kleine Taschenlampe, die man so im Inneren der Leuchtgespenster platziert, dass der Lichtkegel auf die ausgeschnittenen Augenhöhlen, die Nase und den Mund strahlt.

Der Fördertisch

Ein zusammenklappbarer Campingtisch mit vier bis sechs Stühlen, darüber ein kleiner, niedriger Sonnenschirm und schon ist ein neuer Bereich geschaffen. Am Fördertisch treffen sich die Kinder, die zusätzliche Hilfe der Lehrerin brauchen. Beispielsweise im Mathematikunterricht werden noch weitere Lösungsschritte genau besprochen, Lösungsbäume ausgefüllt u. ä., während die anderen Kinder still für sich die gestellte Sachaufgabe bearbeiten.

Raus aus dem Klassenzimmer!

Ab und zu ist es hilfreich, die eigenen vier Wände zu verlassen und einen neuen, ungewöhnlichen „Unterrichtsraum" zu erkunden. Halten Sie den Mathematikunterricht im Pausenhof ab, den Sachkundeunterricht auf einer Lichtung im Wald, tauschen Sie das Klassenzimmer mit dem einer Kollegin, lassen Sie die Kinder im Stadtpark zeichnen oder eine Geschichte im Lesebuch lesen und dabei gemächlich über die Wiese spazieren.

2. Wir lernen uns kennen

Eine Minute über mich

Jeden Tag ist ein anderes Kind an der Reihe, genau eine Minute lang von sich zu erzählen.
Erstaunlich, wie viel Information innerhalb dieser beschränkten Zeit gegeben werden kann.
Ein Kind erzählt vielleicht, wie viele Geschwister es hat, wann sein Geburtstag ist, ob es ein Haustier hat, welche Farbe seine Zahnbürste hat usw. Ein anderes Kind berichtet eventuell von seinen Hobbys, seinen Erfolgen als Fußballer, von seinen Lieblingsfächern und vielem mehr.

Fluginformation

Jeder Schüler schreibt auf einen Zettel zehn Dinge oder Tätigkeiten, die er besonders gerne mag, zum Beispiel:

Erdbeereis
Tischtennis
Pinguine
Segeln
Pizza
Textaufgaben
Spice Girls
SMS verschicken
Wellenreiten
rosa Turnschuhe

Dann faltet jeder aus seinem Zettel einen Papierflieger und wartet auf das Zeichen zur allgemeinen Flugfreigabe.
Anschließend hebt jeder Schüler einen Flieger auf und liest die Angaben.
Wer errät, von welchem Mitschüler der Flieger stammt?

Autogrammsammlung

Ein einfaches Schulheft wird, mit einem lustigen bunten Umschlag versehen, zum Autogrammsammelheft. Unterschreiben dürfen nicht nur Könige, Schauspielerinnen und Fußballspieler, sondern alle Mitglieder der großen „Schulfamilie“, also: Mitschüler, die Sportlehrerin, der Bäcker, die Sekretärin, die Rektorin, der Schulrat, der Pfarrer, die Elternbeiratsvorsitzende usw. Wer schafft es ein Autogramm vom Hausmeister zu ergattern?
So ein Autogrammheft füllt sich schneller als man glaubt. Besonders wenn die Leute noch zusätzlich etwas hineinschreiben oder hineinmalen.

Wer bin ich?

Die Lehrerin schreibt den Namen eines beliebigen Kindes aus der Klasse auf ein Blatt Papier. Jetzt sucht sie ein anderes Kind aus, das vor die Klasse kommt und sich mit dem Rücken zur Tafel aufstellt. Die Lehrerin heftet dem Kind das Namensschildchen mit zwei Sicherheitsnadeln auf den Rücken. Jetzt dreht sich das Kind langsam im Kreis, sodass alle Kinder, die an ihren Plätzen stehen, lesen, in wen sich das Tafelkind verwandelt hat.
Dann geht's los: Das Kind an der Tafel stellt nacheinander Fragen, wie zum Beispiel: „Bin ich blond?“ Die Fragen müssen mit „Ja“ oder „Nein“ beantwortet werden können.
Je nachdem, wie die Lehrerin die Frage beantwortet, setzen sich diejenigen Schüler, die als Rätselkind nicht mehr in Betracht kommen. Wenn das Kind an der Tafel zum Beispiel fragt: „Bin ich ein Mädchen?“ und die Lehrerin bejaht die Frage, setzen sich alle Jungen auf ihre Plätze. So werden immer weniger Kinder stehen bleiben, bis schließlich nur noch eines übrig ist.
Jetzt wird dem Ratekind das Namensschild abgenommen und es darf selber lesen, was darauf steht. Wenn alles gut gegangen ist, dann ist es der Name des Mitschülers, der als Einziger noch an seinem Platz steht.

Wer kennt die Kinder, nennt die Namen, die fröhlich hier zusammenkamen?

Alle Kinder, bis auf eines, sitzen im Kreis auf dem Boden. Das übrige Kind geht nun außen um den Kreis herum und nennt von jedem Kind, an dem es vorüberkommt, den Namen, also zum Beispiel „Anja“, „Robin“, „Felix“, „Carolin“ usw. Aber irgendwann einmal macht dieses Kind absichtlich einen Fehler und gibt einem der Kinder einen falschen Namen. Sagt es beispielsweise „Anja“, „Robin“, „Susanne“, so ist der Felix alarmiert. Schließlich heißt er nicht „Susanne“! Er steht sofort auf und rennt dem Kind hinterher, um es zu fangen, bevor es die entstandene Lücke im Kreis (also den Platz von Felix) erreicht. Gelingt es dem Kind, auf dem verwaisten Platz zu sitzen, bevor es von Felix eingeholt wird, darf es auf dem Platz sitzen bleiben, und Felix geht jetzt langsam um den Kreis herum, die Namen der Mitspieler nennend. Dieses Spiel schult besonders gut die Aufmerksamkeit der Kinder!

Eine Lehrerin zum Anfassen

Erzählen Sie Ihren neuen Schulkindern immer wieder mal etwas von sich – von Ihrer Familie, Hobbys, Interessen, Vorlieben, Abneigungen, ja durchaus auch von Problemen, Träumen und Wünschen.
Die Kinder sollen erkennen, dass da vor ihnen nicht nur eine Lehrerin steht, sondern auch eine Frau, eine Mama, eine Tochter, eine Zauberin, eine Nachbarin, eine Enkelin, eine Tierfreundin und was noch so alles in Ihnen steckt.

Ohren wie ein Luchs

Eine Gruppe von fünf Schülern stellt sich vor die Tafel. Ein weiteres Kind steht als „Luchs" in einiger Entfernung mit dem Rücken zur Gruppe. Nun darf sich jedes Gruppenmitglied – bis auf eines – einmal laut räuspern. Der „Luchs" lauscht konzentriert und soll schließlich angeben, welches Gruppenmitglied sich nicht geräuspert hat.

Variation: Statt des Räusperns kann man auch vorgeben, dass jeder Gruppenspieler mit verstellter Stimme ein Wort, zum Beispiel „Pumpernickel" sagt. Der „Luchs" soll wieder angeben, welcher Mitspieler nichts gesagt hat.

Was tue ich, wenn ...?

„Was tue ich, wenn ...?" ist eigentlich ein Fantasiespiel. Den Kindern wird eine bestimmte Situation vorgegeben und sie müssen Problemlösungen dazu suchen.

Zum Beispiel: Was tue ich, wenn ich auf dem Ausflug meine Klasse verliere und plötzlich alleine dastehe? Hören Sie sehr gut zu! Besprechen Sie mit den Kindern mehrere Lösungsmöglichkeiten. Welche ist die beste?
Wiederholen Sie das Ganze von Zeit zu Zeit. Für die Kinder ist so eine Übung sehr wichtig, um zu erkennen, dass es solche dummen Situationen gibt und die Welt nicht untergeht, wenn so eine Situation eintritt. Zum anderen lernen die Schüler bestimmte Vorgehensweisen, beispielsweise sich mit ihrem Kummer an Polizisten, Geschäftsleute oder Frauen mit Kindern zu wenden. Aber auch als Lehrerin profitiert man von diesem Spiel. Wer nämlich gut zuhört, der kann sich in einer Notsituation wenigstens so ungefähr denken, was jetzt in den Schülern vorgeht und was sie vermutlich tun werden.

Weitere „Was tue ich, wenn ..."-Themen:
... wenn ich allein zu Hause bin und jemand klingelt an der Tür?
... wenn ich alleine unterwegs bin und von einem Fremden angesprochen werde?
... wenn mich ein anderes Kind bedroht oder erpresst?
... wenn ich nach Hause komme und niemand öffnet die Tür?
... wenn ich sehe, wie andere Kinder rauchen, alkoholische Getränke oder Drogen zu sich nehmen?
... wenn ich in die Schule komme und etwas sehr, sehr Wichtiges vergessen habe?
... wenn ich sehe, wie ein Mensch von einer Gruppe geschlagen oder beschimpft wird?
... wenn sich jemand verletzt hat oder ich Zeuge eines Unfalls bin?

Extratipp: Notwehr

Erklären Sie Ihren Kindern, dass in Notfällen gute Manieren fehl am Platz sind. Wenn ihnen jemand körperlichen Schaden zufügen will oder ein Fremder versucht, sie in sein Auto zu ziehen, sind Kratzen, Schreien und „Verpetzen" sehr wichtige Tätigkeiten. Spielen Sie mit den Kindern solche bedrohlichen Situationen durch, damit es im Notfall nicht, „gelähmt vor Angst", unfähig ist, zu reagieren.

Zeig uns was!

Damit die Schüler immer mehr voneinander erfahren, bittet man sie, am kommenden Montag einen Gegenstand von zu Hause mitzubringen, den sie gerne mögen und der in irgendeiner Weise für sie wichtig ist. Kleine Kinder bringen meistens Teddybären und andere Kuscheltiere mit, größere Kinder haben manchmal ihren Hamster Ferdinand oder zumindest ein Foto von ihm dabei, ihr Lieblingsbuch, den Tischtennisschläger usw.
Alle Kinder sitzen im Kreis und jedes zeigt seinen Gegenstand und erzählt dazu, warum gerade dieser Gegenstand so wichtig ist. So erfährt man eine ganze Menge von seinen Freunden. War jedes Kind an der Reihe, werden die Dinge versteckt und jetzt darf jeder zeigen, wie gut sein Gedächtnis ist. Was hat uns die Carolyn gezeigt und wer erinnert sich noch daran, warum sie gerade diesen Gegenstand mitgebracht hat?

Eine Frage jeden Tag

Eine bestimmte Frage wird am Ende von jedem Schultag wieder gestellt und von den Kindern beantwortet, zum Beispiel:
- Was war das Tollste, das heute passiert ist?
- Wovon möchtest du morgen noch mehr erfahren?
- Worüber hast du heute gelacht?

Das Schülerdenkmal

Braucht da jemand etwas „Extra-Aufmerksamkeit"? Dann stellt er sich gleich auf ein Podest, tut so, als wäre er aus Plastilin oder Gelee und wird von seinen Mitschülern zu einer lustigen Statue „geformt". Sind die Kinder mit ihrem Modell zufrieden, wird ein Polaroidfoto geknipst und gleich an die Pinnwand geheftet.

Der Klassenkönig

Der Klassenkönig sitzt mit geschlossenen Augen auf seinem Thron und empfängt hier seine Untertanen. Jeder wird einzeln zum Thron geführt, wo ihn der Klassenkönig begrüßt und mit zwei aufgeblasenen Luftballons in den Händen abtastet. Na, kann der König seine Bürger trotzdem erkennen? Wenn das nicht gleich klappt, darf der Neuankömmling dem König mit verstellter Stimme ein Kompliment machen, zum Beispiel: „Eure Majestät regieren heute wieder mal vortrefflich!" Jetzt müsste ihn der König aber schon erkennen!

Ich bin die lustige Lena

Ein Schüler nach dem anderen steht auf und nennt jetzt seinen Vornamen mit mindestens einem davor gestellten Adjektiv, das mit dem gleichen Buchstaben beginnt wie der Name, zum Beispiel: „Ich bin der mutige Michael.", „Ich bin die große, gescheite Gina.".
Oder wie wäre es mit „Willi Windels witzigem Wörterspiel"?
„Ich heiße Willi, komme aus Wuppertal, esse gerne Wackelpudding und gehe am liebsten zum Windsurfen."
„Ich heiße Flori, esse am liebsten Fisch und spiele gerne Fußball."
„Ich heiße Lena, bin lustig und liebe Lakritze."

Bojen in der Nacht

Im Klassenzimmer oder in der Turnhalle sucht sich jedes Kind mit einigem Abstand zu den Mitspielern einen Standplatz als „Boje".
Drei Schüler stellen sich als Schiff hintereinander auf, jeder hält sich an den Schultern des Vordermannes fest. Das erste Kind ist der Kapitän und darf als Einziger sehen. Seine Aufgabe besteht darin, die beiden hinter ihm gehenden Matrosen sicher und ohne Anstoßen durch das Bojenlabyrinth zu führen. Den beiden „Mitläufern" werden die Augen verbunden. Sie folgen dem Kapitän vertrauensvoll. Die „Bojen" strecken ihre Arme zur Seite und schaukeln sanft auf dem Wasser. Schafft es der kleine Trupp, von einem Ufer zum anderen zu gelangen, ohne an eine der Bojen zu stoßen? Wird eine Boje berührt, lässt sie ganz laut ihr Horn ertönen und der Kapitän wird von einem anderen Mitglied seiner Crew abgelöst.

Das bin ich

Am Anfang der ersten Klasse oder wenn eine neue Klasse „zusammengewürfelt" wird, sollen sich die Kinder natürlich erst einmal kennenlernen. Jeden Tag wird darum ein Kind zum „Kind des Tages". Die Eltern werden persönlich bei einem vorausgehenden Elternabend, mittels Elternbrief oder einem Anruf der Lehrerin aufgefordert, einige Fotos von ihrem Kind, seiner Familie, dem Haustier, dem Lieblingsspielzeug usw. vorzubereiten. Die Fotos werden dann für einen Tag an eine Pinnwand geheftet und das Kind bekommt im Laufe des Schultages die Möglichkeit, zu den Fotos zu sprechen. Gerade das Sprechen vor der Klasse ist für einige Kinder schon fast eine Mutprobe. Aber die Fotos der Familie, der bekannten und geliebten Personen, Tiere und Gegenstände helfen ganz prima, diese Scheu zu überwinden.

Mein Bilderzwilling

Für dieses Spiel braucht man die Kärtchen aus einem beliebigen „Memory"-Spiel. Es müssen so viele Bilder vorhanden sein, wie Schüler anwesend sind. Immer zwei Bilder sind gleich. Bei einer ungeraden Schülerzahl spielt die Lehrerin ebenfalls mit. Jedes Kind darf am Morgen, wenn es das Klassenzimmer betritt, ein Bildkärtchen aus der Schachtel ziehen. In den ersten fünf Minuten des Tages dürfen sich jeweils die beiden Schüler, die zusammenpassende Puzzleteile gezogen haben, unterhalten und befragen. Das ist natürlich besonders spannend, wenn man die Lehrerin als Partnerin gezogen hat!
Sind die fünf Minuten vorbei, werden die Puzzleteilchen wieder eingesammelt und für eine weitere Spielrunde in den nächsten Tagen bereitgehalten.

Nichts ist unmöglich

Natürlich müssen Lehrer mit beiden Beinen auf der Erde stehen, sonst ließe sich eine Klasse nicht organisieren und kein Stoff vermitteln. Trotzdem sollte man die „Schere im Kopf" nicht zu mächtig werden lassen. Kinder brauchen auch Flügel und dürfen ihrer Fantasie und Kreativität fast uneingeschränkt freien Lauf lassen. Kinder dürfen auch mal etwas Dummes sagen, ohne dass es ihnen gleich angekreidet wird. Kinder dürfen wütend werden, ohne dass man sie gleich in Therapie schickt, sie dürfen laut sein und zappeln, weinen und vor Glück durchs Klassenzimmer hüpfen und dabei werden weder die Schüler selbst noch ihre Schulkameraden Schädigungen ihrer Persönlichkeiten davontragen.

Das Namenspuzzle

Zuerst bereitet man für jedes Kind einen Umschlag vor, in dem lauter gleich große Zettel mit jeweils einem Buchstaben des Vornamens stecken. Für „Florian" beschriftet man also sieben Zettelchen: F L O R I A N und steckt sie in den Umschlag. Alle Umschläge werden gründlich gemischt und an die Kinder verteilt. Nun hat jeder erst einmal was zu tun! Wer den Namen seines Puzzles richtig vor sich auf den Tisch gelegt hat, darf die Buchstaben auf ein vorbereitetes Tischkärtchen kleben, die jeweilige Person aufsuchen und ihr das Kärtchen überreichen.

Tipp:
- Für Schüler der ersten und zweiten Klasse wird die Aufgabe einfacher, wenn man nur den Anfangsbuchstaben großschreibt, alle anderen Buchstaben klein, also: F l o r i a n.
- Die Umschläge mit den Buchstabenzettelchen können von den Kindern auch zu Hause vorbereitet werden.

Ich kann etwas, das du nicht kannst ...

Jeder Schüler kann mindestens eine Sache so gut, dass er sie den anderen Kindern beibringen könnte, und wird darum an einem bestimmten Tag zum „Minutenlehrer" ernannt.
Nina kann zum Beispiel aus Papier Tiere falten. Also darf sie den Mitschülern heute zeigen, wie so was geht. Dazu legt sie mithilfe der Lehrerin die nötigen Materialien zurecht und darf dann ihre Mitschüler unterrichten.
In der nächsten Woche lernt dann vielleicht die russische Mitschülerin den Kindern, „guten Morgen", „guten Abend" und „auf Wiedersehen", „bitte" und „danke" in ihrer Muttersprache zu sprechen. Das ist eine Bereicherung für die Schüler und eine gute Möglichkeit, das Selbstwertgefühl des neuen Minutenlehrers zu steigern.

Horch, wer kommt von draußen rein?

Sobald am Morgen oder nach der großen Pause schon ein paar Kinder im Klassenzimmer eingetroffen sind, wird die Tür geschlossen und jeder gibt einen Tipp ab, wer wohl als Nächstes ins Klassenzimmer kommen wird. Manche Kinder kündigen ihr Kommen schon von Weitem mit lautem Geschrei an, andere schlürfen den Schulhausgang entlang und wieder andere brauchen erst einmal viel Zeit in der Garderobe, bevor sie ins Zimmer kommen. Ein lustiges Spiel, bei dem man eine Menge über seine Mitschüler lernt. Wer kennt seine Schulfreunde am besten?

Neuigkeiten aus dem Froschteich

Die Schüler spielen in Gruppen miteinander. Auf jedem Tisch steht ein Teller und darauf liegt ein Schatz (Keks, Bonbon u. Ä.). Um den Teller herum hüpfen etwa dreißig Frösche bzw. in Ermangelung derselben liegen da getrocknete Erbsen. Reihum wird gewürfelt. Der erste Spieler würfelt vielleicht eine Drei. Nun darf er drei Frösche aus dem Teich entfernen, muss aber für jeden eine Angabe zur eigenen Person machen, zum Beispiel: „Ich heiße Simon und bin letzte Woche acht Jahre alt geworden. Mein Hund heißt Sam." Dann ist das nächste Kind an der Reihe. Die Frösche werden immer weniger und schließlich nimmt ein Kind das allerletzte Tierchen an sich. Hurrah, der Weg zum Schatz ist frei! Der glückliche Gewinner nimmt sich den Schatz. Aber wir können ja gleich noch mal spielen und so hat jeder wieder Aussicht auf einen Schatz.

Mein Lieblingsplatz

Jedes Kind hat einen ganz besonderen Lieblingsplatz bei sich zu Hause, in Omas Speicher oder in der Natur. Das kann die Ecke hinter der Regentonne sein oder ein Ort mit toller Aussicht auf den Kinderspielplatz. Geben Sie den Kindern Gelegenheit, den Lieblingsplatz zu beschreiben und alle Dinge, Geräusche und Gerüche zu beschreiben. Vielleicht bietet sich ja auch mal eine Möglichkeit, den einen oder anderen Lieblingsplatz mit der ganzen Klasse zu besuchen.

Die Schülersammelkarten

Zugegeben, diese Idee ist aufwendig, aber auch so interessant, dass sich der Aufwand doch lohnt. Genauso wie bei den üblichen Sammelkarten, zum Beispiel von Fußballspielern, werden in diesem Fall Sammelkarten der Mitschüler und der in dieser Klasse unterrichtenden Lehrer gesammelt, getauscht und in ein Sammelalbum (Schulheft mit entsprechendem Einband) geklebt.
Zur Herstellung der Karten werden zuerst Digitalfotos geknipst und auf dem Computer entsprechend der Anzahl der Kinder in der Klasse kopiert. Unter jedes Foto werden der Name des Schülers und ein paar persönliche Angaben (zum Beispiel Haarfarbe, Alter usw.) ergänzt.

Ich bin toll, weil ...

Wie werden die Schüler diesen Satz ergänzen? Interessant, was dabei herauskommt, besonders, wenn man dieses kleine Spielchen öfter mal zwischendurch spielt. „Ich bin toll, weil ich das Gedicht nur zweimal gelesen habe und es schon auswendig kann.“ „Ich bin toll, weil ich in Mathe eine Eins geschrieben habe.“ „Ich bin toll, weil ich jeden Tag die kranke Emmi besuche und ihr die Hausaufgabe erkläre.“

Achten Sie darauf, dass es sich vorwiegend um solche Dinge handelt, die das Kind für seine Selbstständigkeit und Eigenverantwortung gelernt hat, und nicht um Dinge, für die es selber nichts kann, wie beispielsweise: „Ich bin toll, weil ich so schöne blonde Haare habe.“

3. Tipps für Hexenmeister

Anfang gut, alles gut

Kinder sind sehr empfänglich für Atmosphäre. Achten Sie also darauf, dass ein Kind bei seinem Eintreffen im Klassenzimmer von Mitschülern freundlich empfangen wird und auch von Ihnen Aufmerksamkeit bekommt.
Wählen Sie ein paar kleinere Aktivitäten aus, die die Kinder so lange spielen können, bis der Unterricht beginnt. Ein Tisch mit einem Puzzle, an dem jeden Tag weitergearbeitet werden kann, wäre zum Beispiel eine gute Beschäftigung.
Planen Sie immer einen „offiziellen“ Unterrichtsbeginn mit kurzer Begrüßung aller Kinder, ggf. einem gemeinsamen Lied fürs Geburtstagskind, einem Gebet, einem Gedicht, einem freundlichen (lustigen) Spruch, einem kleinen Begrüßungsspiel, dem Vorlesen der neuesten Schulnachrichten mit Ankündigung besonderer Ereignisse, die heute auf die Kinder warten (Vertretungsstunde, Unterrichtsgang usw.).

Das „Guten-Morgen“-Spiel

Alle Kinder stehen an ihren Plätzen. Die Lehrerin begrüßt nun ein Kind, zum Beispiel: „Guten Morgen, Kathrin!“ Kathrin sucht sich daraufhin ein anderes Kind aus, sagt vielleicht: „Guten Morgen, Florian!“ und setzt sich. Dann ist Florian an der Reihe, ein weiteres Kind zu begrüßen. So wird weiter gegrüßt, bis schließlich das letzte stehende Kind die Lehrerin grüßt und ebenfalls Platz nimmt.

Das ist der Rhythmus, bei dem ich immer mit muss …

Niemand hört mehr zu und Sie haben keine Lust wieder um Aufmerksamkeit zu bitten? Stellen Sie sich vor die Klasse und klatschen Sie einen einfachen Rhythmus. Ermuntern Sie die Schüler, die aufmerksam geworden sind, mitzuklatschen. Immer mehr Kinder stehen an ihren Plätzen und immer lauter wird das Klatschen. Schließlich sind alle Kinder dabei und Sie haben die volle Aufmerksamkeit.

Schneller als die Uhr?

Für diesen Trick braucht man einen Küchenwecker. Das Klassenzimmer muss aufgeräumt werden? Die Arbeitsblätter müssen in die Ordner geheftet werden? Wie weit kommen wir, bevor der Wecker klingelt? Schaffen wir die Arbeit vielleicht sogar komplett, bevor die Zeit abgelaufen ist?

Tipp: Natürlich kann man noch viele andere Wettbewerbe gegen den Küchenwecker durchführen, zum Beispiel: Wer schafft es, alle Eigenschaftswörter im Diktattext zu unterstreichen, bevor der Wecker klingelt? Wer kann den Merksatz auswendig, bevor es klingelt? usw.

Kleine Briefchen

Kinder im ersten Lesefieber freuen sich über kleine Briefchen mit einem lieben Satz oder einer Neuigkeit, einem Witz oder was einem sonst gerade einfällt. Die „Briefchen“ schreibt man am besten auf „Post-it“-Zettelchen und klebt sie zur Überraschung des Empfängers zum Beispiel in sein Heft, auf die Bank, aufs Federmäppchen.
Achtung: Die Briefe anfangs nur in gut lesbarer Druckschrift schreiben!

Tipp: Geheimbotschaft
Erstleser staunen über eine Geheimbotschaft in Spiegelschrift. Erst wenn man sich mit dem Zettel vor den Spiegel stellt, kann man die Botschaft entziffern.

Lesetrick

„Lesefaule“ Kinder lesen gleich viel lieber, wenn man ihnen eine Geschichte bis zu einer besonders spannenden Stelle vorliest und die Kinder dann selber weiterlesen lässt.

Schau mir in die Augen …

Zwei Spieler, die sich ständig in der Wolle haben, stellen sich einander gegenüber und schauen sich in die Augen.
Wer anfängt zu grinsen, zu lachen oder gar dem Blick seines Gegenübers nicht mehr standhalten kann und wegsieht, hat verloren und gratuliert dem anderen zum Sieg.

Nobody is perfect

Kein Lehrer kann von sich behaupten, in Erziehungssachen noch nie einen Fehler gemacht zu haben. Fehler gehören dazu. Auch ein Grundschulkind nimmt keinen Schaden, wenn ab und zu etwas schiefläuft. Sehen Sie die Sache locker und denken Sie daran, dass jeder Fehler, den man sich eingesteht, Folgefehler verhindert.

Mithilfe erwünscht

Alle Arbeiten, die in der Klasse so anfallen und bei denen die Mithilfe der Schüler erwünscht ist, werden auf kleine Karteikärtchen geschrieben. Je nachdem, welche Arbeiten gerade dran sind, wird ein entsprechendes „Kartenspiel" zusammengestellt und gründlich gemischt. Jedes Kind darf eine Karte ziehen und sich an die Erledigung der entsprechenden Aufgaben machen.
Loben, loben, loben nicht vergessen!

Extratipp: Arbeiten auf Zettelchen schreiben, in winzige Abschnitte dicker Strohhalme schieben und die „Lose" in einer Lostrommel zur Ziehung anbieten.

Punkteliste der guten Taten

Natürlich sollte jedes Kind dazu angehalten werden, von sich aus gerne mitzuhelfen. Noch lieber tut man das aber mit der Aussicht auf eine kleine Belohnung.
Für jede gute Extratat, wie zum Beispiel Arbeitsblätter für einen kranken Mitschüler mit ausfüllen, gibt es einen Klebepunkt. Wer zehn Punkte neben seinem Namen aufweisen kann, darf in einen Überraschungssack greifen und sich ein kleines Geschenk herausholen.
Im Überraschungssack gibt es beispielsweise Radiergummis in verschiedenen Formen, Stifte in ungewöhnlichen Farben, Seifenblasenröhrchen, kleine Rätsel- und Witzbücher, Sticker, Aufziehtierchen, Wackelbilder, Murmeln, Bälle, Luftballons, Stempel und vieles mehr.

Extratipp: Fragen Sie bei Banken nach Werbegeschenken!

Ordnungsbehälter für Krimskrams

Kleine Dinge wie Holzperlen, Büroklammern, Reißnägel usw. kann man prima in Eierkartons verstauen.

Auf die Plätze, fertig, los!

Wenn man manchmal den Kindern zusieht, mit welcher schneckenartigen Anstrengung sie versuchen, ihre Federmäppchen in die Schultaschen zu schieben und diese in atemberaubender Zeitlupenart zu schließen, kann man schon mal leicht nervös werden. Rettung naht in Form eines Küchenweckers, der wird auf „drei Minuten" eingestellt und dann heißt es: „Achtung, fertig, los!" Nicht zu fassen, wie diese alltäglichen Handgriffe plötzlich blitzschnell erledigt werden, und jeder versucht fertig zu sein, bevor der Küchenwecker Alarm gibt. Dieser Trick wirkt natürlich auch bei allen anderen Tätigkeiten, die von trödelnden Kinderschnecken ausgeführt werden sollen.
Aber sparsam umgehen, damit er sich nicht „abnützt".

Wackelzahntruhe

Einen Wickel-Wackelzahn, der während der Schulzeit seinen angestammten Platz verlässt, darf man doch nicht einfach wegwerfen! Er wird in ein winziges Schmuckschächtelchen gelegt und vorsichtig, wie ein Juwel nach Hause transportiert.

Tipp: Lehrer der ersten und zweiten Klasse brauchen eine Menge solcher Wackelzahntruhen! Fragen Sie jetzt schon mal im Bekanntenkreis und bei Juwelierhändlern nach, um sich einen kleinen Vorrat anzulegen.

Schluck auf, schluck ab

Kleine Kinder scheint Schluckauf lange nicht so zu stören wie die größeren und die Erwachsenen. Wenn so ein Schluckauf hartnäckig bestehen bleibt, versuchen Sie doch mal diesen Trick: Fragen Sie das Kind, was es zum Mittagessen gegessen und getrunken hat. Was gab es zum Frühstück? Lassen Sie sich diese Speisen und Getränke möglichst haarklein beschreiben. Was für eine Sorte „Cornflakes"? – War Honig im Tee? usw. Hören Sie aufmerksam, ob der Schluckauf noch da ist. Wenn ja, fragen Sie nach den Nahrungsmitteln vom Vortag. Schon nach ein paar Minuten ist der Schluckauf tatsächlich vergessen. Leider klappt der Trick nur einmal. Also für Notfälle aufsparen!

Der schreiende Regenwurm

Ein vor Wut schreiendes Kind kann man schnell beruhigen, wenn man es anspornt, noch lauter zu schreien: „Nein, nicht so! Noch viel, viel lauter!" Fragen Sie es dann, ob es auch ganz leise „schreien" kann; erstmal wie eine kleine Maus und dann wie ein winziger Regenwurm ...

Umtopfen

Hat ein Kind immer wieder Schwierigkeiten mit seinen Klassenkameraden und lassen sich diese Probleme auch nicht durch Gespräche mit Lehrern und den betroffenen Klassenkameraden lösen, hilft es oft, das Kind in eine Parallelklasse „umzutopfen“. Selbst wenn die Probleme durch das Kind selber geschaffen wurden, wird das Kind sein „Image“ nicht so schnell verlieren und es ist besser, ihm die Chance für einen neuen Start zu geben.

Briefmarken

Ganz heißer Tipp: Heben Sie alle Briefmarken auf, auch wenn vorerst niemand auch nur das leiseste Interesse daran zeigt.
Das „Briefmarken-Sammel-Zeitalter“ kommt bestimmt und Sie sind fein raus, wenn Sie dann über einen solchen Briefmarkenschatz verfügen. Briefmarken eignen sich toll als kleine Preise für Spiele im Unterricht.

Briefmarkensammlung
Sollten Sie in einem Mietshaus wohnen, kleben Sie dort wo die Briefkästen hängen, einen großen, stabilen Briefumschlag an und schreiben vorne drauf eine freundliche Aufforderung an die Hausbewohner, Briefmarken nicht wegzuwerfen, sondern in den Umschlag zu stecken. Wetten, dass da schnell eine Menge zusammenkommt?

Briefmarken aus aller Welt
Wer eine ausländische Briefmarke bekommen hat, braucht unbedingt einen Globus oder eine gute Weltkarte. Gemeinsam mit den anderen Kindern in der Klasse kann man nachschauen und staunen, woher die Briefmarken stammen.

Reden ist Silber ...

Mit den Schülern reden ist sehr wichtig. Ihnen zuhören aber ist noch wichtiger!

Der Klassenordner

Jede Klasse braucht einen Ordner, in dem während des ganzen Schuljahres all die netten, lustigen, erstaunlichen Dinge gesammelt werden, die die Kinder sagen, schreiben oder herstellen werden.
Dazu gehören zum Beispiel: Fotos vom Wandertag und vom Sommerfest, eine besonders schöne Zeichnung, ein Brief, den die Klasse von einem ehemaligen Mitschüler erhalten hat, die Kopie eines besonders gelungenen Aufsatzes, eine Sammlung mit Stilblüten usw.

Der Vertrag

Im Umgang mit größeren Kindern erspart man sich eine Menge Probleme, wenn man bestimmte Dinge, wie zum Beispiel Gesprächsregeln oder Verhalten an der Schulbushaltestelle, ausdiskutiert und die Ergebnisse schriftlich festlegt. Je offizieller so ein Vertrag aussieht, umso besser. Wichtig ist auf jeden Fall, dass alle Vertragspartner unterschreiben.

Der Traum von der Zukunft

Jedes Kind braucht eine Vision von einer glücklichen Zukunft. Wer seiner Visionen beraubt wird, ist ziellos und für alle negativen Einflüsse offen. Lassen Sie Ihren Schülern die Träume, auch wenn es sich um wirklich irrwitzige Vorstellungen handelt. Bauen Sie mit am Traum von der Zukunft! Nehmen Sie die Träume ernst! Der Traum kann viele schlimme Zeiten (Krach im Elternhaus, schlechte Noten usw.) überbrücken helfen.

Schlechte Manieren

Schlechte Manieren ändert man am schnellsten, indem man sie ignoriert, jedoch alle guten Manieren anerkennend heraushebt und lobt.

Wo man singt …

Singen hilft, wenn Kinder müde sind, überdreht oder traurig, aber auch bei vielen anderen Gelegenheiten. Kinder, die stottern, tun das nicht mehr, wenn sie singen!
Gemeinsames Singen festigt das Zusammengehörigkeitsgefühl und sorgt für gute Laune.

Hab ich 'ne Wut!

Sobald man registriert, dass die Atmosphäre immer gereizter wird bzw. bestimmte Kinder gleich aggressiv werden könnten: Machen Sie Quatsch! Ein Lachen befreit, entkrampft böse Gesichter und geballte Fäuste, bringt neuen Schwung und stärkt eine positive Haltung zu den Mitschülern, zur Schule allgemein und zu Ihnen!
Was man da im Einzelnen machen kann, hängt natürlich von der Lehrerin, den Kindern und der Situation ab.

- Erzählen Sie einen Witz oder eine lustige Situation aus Ihrer Kindheit.
- Quatschgedichte, Limericks, dumme Sprüche oder Abzählreime kommen bei Grundschulkindern immer gut an.
- Singen Sie mit den Kindern ein möglichst fetziges, lustiges Lied.
- Veranstalten Sie einen Kurzwettbewerb in Grimassenschneiden, Ohrenwackeln und ähnlichen Fähigkeiten.

Tipp: Bewegungsdrang
Angestauter Bewegungsdrang macht aggressiv. Nutzen Sie darum jede Gelegenheit zum Sport zwischendurch und sei es nur, dass Arme, Finger und Beine ausgeschüttelt werden.
Geben Sie den besonders gefährdeten Kindern in der Klasse noch zusätzliche Gelegenheiten, sich zu bewegen, wie zum Beispiel Hefte, Bücher, Rundschreiben austeilen, Geräte aus anderen Klassen holen etc.

Zaubergummi

Sind die Schüler zappelig und nervös und ist so schnell keine Möglichkeit zum Austoben in Sicht, hilft es für eine gewisse Zeit, wenn man den Kindern Kaugummi zum Kauen gibt. Der Zaubergummi baut angestauten Bewegungsdrang ab und aufkeimender Aggressivität vor.

Tipp: Verteilen Sie Kaugummi ohne Zucker, um besonders ernährungsbewussten Eltern keine Chance zur Kritik zu geben.

Unruhe am Gruppentisch

Zwei Schüler, die gerne miteinander schwätzen, sollten an Gruppentischen nebeneinander, statt einander gegenüber sitzen.
<u>Hexenmeisters Geheimtipp:</u> Legen Sie beiden Kindern ein Bonbon auf den Tisch und erklären Sie ihnen, dass derjenige, der innerhalb der nächsten Viertelstunde (halben Stunde etc.) zuerst zu schwätzen beginnt, sein Bonbon zurückgeben muss, der andere seines aber essen darf. Schaffen beide die Viertelstunde ohne schwätzen zu überwinden, erhält jeder Schüler in der Klasse ein Bonbon.

Ärger

Zählen Sie erst einmal langsam bis zehn und atmen Sie dabei tief durch. Leider reagieren wir oft zu schnell und zu emotional. Überlegen Sie: Was genau ärgert mich? Ist es die Tatsache selbst oder der Ton, der Ihnen gegenüber angeschlagen wurde? Lassen Sie sich niemals dazu verleiten, einen Schüler vor der Klasse bloßzustellen, egal wie groß der Ärger ist! Reden Sie mit ihm unter vier Augen und machen Sie dem Schüler klar, dass er Sie verletzt hat. Geben Sie ihm die Chance, seine Position darzustellen, ggf. auch sich zu entschuldigen (Wörter sind manchmal sehr glitschig und sind schon ausgesprochen, bevor man es wollte) und hören Sie ihm zu!

Hör mal, wer da singt!

Die Lufthoheit im Klassenzimmer obliegt dem Lehrer. Dieses Vorrecht sollte man sich auch nicht leichtfertig nehmen lassen. Gerade in höheren Klassen verwandelt sich das Klassenzimmer vor und zwischen den Unterrichtsstunden schnell in eine Mini-Disco. Wenn Musik gespielt wird, dann nur solche, die von Ihnen erlaubt ist.

Eine fast perfekte Klasse …

… bekommen Sie (wenigstens für eine gewisse Zeit) auf diese Weise:
Die Namen aller Kinder werden auf kleine Zettel geschrieben. Diese kommen zusammengefaltet in ein Körbchen und werden gut gemischt. Vor den Augen der ganzen Klasse zieht die Lehrerin einen Zettel, liest still für sich den Namen und steckt den Zettel sofort in ihre Tasche. Während nun die Klasse vom Klassenzimmer zur Sporthalle wandert, einen Unterrichtsgang zur Feuerwehr macht, oder ein beliebiger anderer Anlass es notwendig macht, dass alle Kinder besonders brav sind, beobachtet die Lehrerin das Verhalten des Schülers, dessen Name auf dem gezogenen Zettel steht, ganz besonders gut. Da niemand außer ihr weiß, welcher Name gezogen wurde, benehmen sich alle äußerst brav, denn es winkt dem Glücklichen, vorausgesetzt natürlich, sein Verhalten war gut, eine besondere Belohnung, zum Beispiel: keine Hausaufgabe.

Die alte Schreibmaschine

Eine alte Schreibmaschine, zum Beispiel vom Flohmarkt, kann Grundschulkinder vielseitig beschäftigen. Da kann man beispielsweise lauter Buchstabenquatsch zusammentippen und andere Kinder vorlesen lassen.
Oder man sucht die Buchstaben heraus, die sich ähnlich sehen, zum Beispiel: N und M; P und R; O und Q. Oder man versucht, seinen Vornamen und andere Wörter nach Vorlage zu schreiben.

Extratipp: Schwache Rechtschreiber schreiben wesentlich besser, wenn sie die Wörter auf dem Computer oder einer Schreibmaschine tippen!

Die Papiertütensammlung

Sammeln Sie jede Bäckertüte und fordern Sie zudem auch die Eltern der Schüler auf, für die Klasse ihre Papiertüten zu sammeln. Für wütende oder anderweitig frustrierte Kinder ist es immer wieder ein tolles Vergnügen, die Tüten aufzublasen und mit einem wonnenvollen Schlag platzen zu lassen. Ach, da fühlt man sich doch gleich viel besser.

Auch das Spielen muss man lernen

Immer mehr Kinder werden zu Hause rund um die Uhr beschäftigt und berieselt. Dauernd ist Programm angesagt oder das Fernsehgerät läuft. Diese Kinder müssen das Spielen regelrecht lernen, zum Beispiel:

- Sich ab und zu selbst ein, zum jeweiligen Fach bzw. Lernziel passendes Spiel ausdenken.
- Das richtige Spielmaterial dafür basteln oder zusammensuchen.
- Andere Kinder zum Mitmachen animieren.
- Bekannte Spiele gemeinsam weiterentwickeln.
- Sich über den Sieg eines Mitspielers freuen.

Wer will schon warten?

Kinder können (fast) nicht warten und wollen Aktion. Halten Sie deshalb die Wartezeiten so kurz wie möglich! Es ist beispielsweise besser, Kinder in vier kleineren Gruppen um die Wette laufen zu lassen, sodass jedes Mal vier Kinder gleichzeitig laufen, als nur zwei Gruppen zu bilden und dadurch lange Wartezeiten für die Teilnehmer zu riskieren! Versuchen Sie immer so viele Kinder wie möglich gleichzeitig aktiv sein zu lassen. Soll beispielsweise eine Gruppe in einer bestimmten Zeit eine Aufgabe erledigen, so stoppen Sie das nicht mit einer Uhr, sondern lassen Sie die übrigen Kinder ein Lied singen, oder das Einmaleins mit sieben rückwärts aufsagen. Der Effekt ist der gleiche, aber alle Kinder sind aktiv.

Die Hausaufgabenlotterie

Für so eine Lotterie braucht man viele gleich große, möglichst farbige Zettelchen und ein großes Schraubglas (zum Beispiel ein Gurkenglas). Jeder Schüler, der seine Hausaufgabe ordentlich gemacht hat, bekommt einen Zettel, schreibt seinen Namen darauf, faltet den Zettel zusammen und legt ihn in die „Glückstrommel“. Am Ende der Woche, kurz vor Unterrichtsschluss, findet die Ziehung der zwei Wochengewinner statt. Sie dürfen an einem Tag ihrer Wahl keine Hausaufgabe machen. Je mehr Zettel mit dem eigenen Namen in der Trommel sind, um so höher die Wahrscheinlichkeit als Glückspilz gezogen zu werden.
Am nächsten Montag geht das Spiel von vorne los.

Die Zeitsparkasse

Immer wenn die Kinder besonders aufmerksam waren, ihre Schulsachen schnell weggeräumt bzw. bereitgelegt haben, schnell von der Sporthalle zurück ins Klassenzimmer gewandert sind und bei ähnlichen Gelegenheiten, steckt die Lehrerin vor aller Augen feierlich einen „Fünf-Minuten-Schein“ in die Zeitsparkasse. Am Freitag wird die Zeitsparkasse geöffnet und die gesparten Minuten werden zusammengezählt. Auf Wunsch der Kinder darf in dieser Extrazeit gespielt, gebastelt oder ein Film angeschaut werden.

Musik, Musik

Wo musiziert wird, herrscht schnell wieder Eintracht und gute Laune.
Kleine Kinder haben besonders viel Spaß, wenn sie außerdem noch Gelegenheit haben, diverse, einfache Instrumente wie Schellen, Schlaghölzer u. Ä. zu benützen und natürlich nach Lust und Laune ihre Körper zur Musik bewegen dürfen.

Ausschreibbilder

Sie müssen die Kinder kurz still beschäftigen? Dazu eignen sich die Ausschreibbilder ganz prima. Jedes Kind bekommt ein Blatt mit dem Umriss eines einfachen Gegenstandes, zum Beispiel ein Auto, ein Baum, ein Schmetterling usw. Die Form ist innen mit Schreiblinien versehen, auf die die Kinder nun alle Dinge, Tätigkeiten oder Eigenschaften schreiben, die ihnen zu dem Gegenstand einfallen. Bei einem Auto könnte das so aussehen:

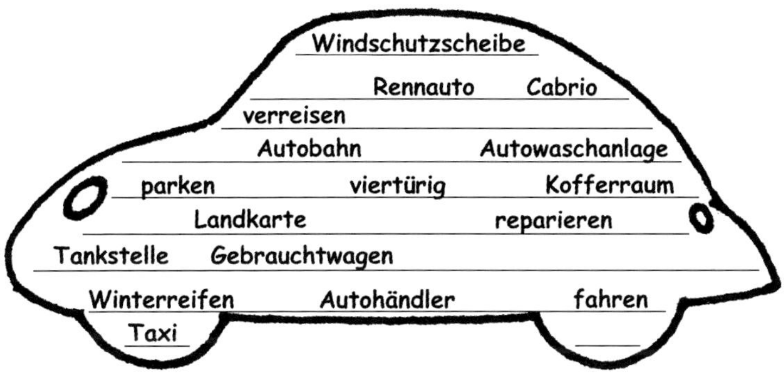

Schulschluss für Engel

Wie bekommt man eine fröhliche Kinderschar am Unterrichtsende dazu, ganz leise und geordnet das Klassenzimmer zu verlassen? So zum Beispiel:
Ein Kind wird aufgefordert, mit dem Kopf in den verschränkten Armen „einzuschlafen". Alle anderen Schüler verwandeln sich in Engel, packen ganz leise ihre Sachen ein und gehen auf Zehenspitzen aus dem Raum, damit nur ja der „Schläfer" nicht erwacht. Der hat nämlich das Recht, sobald er sich in seinem Schlaf gestört fühlt, das durch Fingerzeig in Richtung der Geräuschquelle anzuzeigen. Der betroffene „Schlafstörer" muss zurück zu seinem Platz und von dort aus noch einmal neu starten.

Minifortbildungen

Alle Lehrer können von den besuchten Fortbildungen profitieren, wenn einmal im Monat komprimierte „Minifortbildungen" (zum Beispiel im Rahmen der schulinternen Lehrerfortbildungen) stattfinden. Jeder Lehrer, der eine Fortbildung besucht hat, gibt in fünf bis zehn Minuten die Essenz des Stoffes an alle Kollegen weiter.

Frusttuch

Aggressive und frustrierte Kinder oder zwei, die sich am liebsten sofort prügeln würden, dürfen alte Leintücher, Vorhänge und andere Stoffe in möglichst kleine Malläppchen zerreißen. Das macht nicht allzu viel Sinn, aber man fühlt sich gleich wieder viel friedlicher und ist sogar bereit über das anliegende Problem sachlich zu sprechen. Dank dem Frusttuch!

Ich höre dir zu

Dass Hören und Zuhören zwei unterschiedliche Bedeutungen haben, erkennen auch schon kleine Kinder. Wenn ein Kind sich also mit einem Anliegen an die Lehrerin wendet und die dabei Hefte sortiert oder eine Tafelanschrift anbringt, hört sie zwar, was das Kind sagt, nimmt sich seiner aber nicht an. Zur Höflichkeit und zum Respekt einem Kind gegenüber gehört es, dass man sich ihm zuwendet und man das Kind anschaut, während es redet. Klingt selbstverständlich? Das sollte es eigentlich auch sein.

Lassen Sie sich helfen!

Haben Sie keine Scheu, Hilfe in Anspruch zu nehmen. Eltern und Großeltern, ja sogar ältere Geschwister helfen gerne zum Beispiel bei Klassenfahrten und Schulfesten mit. Gibt es Eltern mit interessanten Berufen, wie Polizist, Ärztin oder Feuerwehrmann? Bitten Sie diese Eltern, ins Klassenzimmer zu kommen und von ihren interessanten Tätigkeiten zu berichten.
Suchen Sie immer wieder das Gespräch mit Kollegen an Ihrer oder auch an anderen Schulen. Meistens sind die Probleme ziemlich ähnlich und Sie können von den Problemlösungen dieser Kollegen nur profitieren.
Nutzen Sie darüber hinaus die Erfahrung älterer Kollegen, der Schulpsychologin, der Beratungsstellen im Jugendamt in pädagogischen Angelegenheiten. Holen Sie Rat ein bei der Jugendbeauftragten der örtlichen Polizeidienststelle. Diese Stellen sind dazu da, Ihnen bei Ihrer Arbeit zu helfen und es ist oft überraschend, wie schnell und wie praktisch dort reagiert wird.

Auch die Technik hilft Ihnen. Sie müssen das Märchen nicht selbst vorlesen, wenn es eine Märchenkassette mit dem gleichen Inhalt gibt. Schonen Sie Ihre Stimme und Energie lieber für die Arbeit danach. Auch Lernsoftware bietet oft das Ausdrucken von Arbeitsblättern an, die vorzüglich im Unterricht einsetzbar sind.

Ende gut ...

Die allerletzte Frage kommt natürlich ganz am Ende des Unterrichts. Dann steht nämlich die Lehrerin an der Klassenzimmertür und verabschiedet jedes Kind zuerst mit einer Frage. Diese Fragen können aus dem gesamten Lernstoff des Tages stammen, also vielleicht: „Was ist 9 x 7?" oder „Wann wurde Mozart geboren?" „Wie heißt das Eigenschaftswort zu ‚Hitze'?" oder „Wie heißt das Kind vom Wildschwein?" Wer die Frage nicht richtig beantworten kann, stellt sich hinten wieder an. Wer aber die Frage richtig beantwortet, wird per Handschlag und einer kleinen Aufmunterung oder einem Lob entlassen.
Nie vergessen: Das Ende des Schultages ist immer die erste Motivation für den nächsten Schultag.

Gib jedem Tag die Chance, der schönste in deinem Leben zu werden.

Mark Twain

4. Das fröhliche Klassenzimmer oder: Ein bisschen Spaß muss sein

Außerplanetarische Begrüßung

Wer schon mal in andere Länder gereist ist, kann gleich erzählen, wie sich die Menschen dort begrüßen, denn nicht überall schüttelt man sich die Hände.
Bei unserem außerplanetarischen Begrüßungsspiel gibt die Lehrerin vor, wie wir uns jetzt gleich begrüßen sollen, zum Beispiel: „Tippt euch mit den Zeigefingern an die Nasen!“ Die Kinder bewegen sich frei im Klassenzimmer und begrüßen jeden Mitschüler, der ihnen auf dem Weg begegnet, auf diese Art. Dann heißt es vielleicht: „Hakt eure kleinen Finger ineinander!“, oder „Klopft euch auf die Schultern!“, „Zieht euch sanft an den Ohrläppchen!“ usw. Natürlich dürfen dann auch die Schüler Vorschläge für „außergewöhnliche“ Begrüßungsweisen machen.

Überraschung!

Was für eine Überraschung, wenn man an einem ganz gewöhnlichen Tag, an dem man fast gar keine Lust hatte, zur Schule zu gehen, mit einer bunt dekorierten Klassenzimmertür begrüßt wird. Luftballons hängen an der Türklinke und der Türrahmen ist mit Girlanden und bunten Krepppapierstreifen geschmückt. Was wird denn hier gefeiert? Gar nichts Besonderes! Nur der Beginn eines wunderschönen Schultages.

Tipp: So eine bunte Begrüßung wirkt an einem grauen, verregneten Montagmorgen Wunder!

Ansteckungsgefahr

Egal ob musikalisch oder nicht – bei diesem Spiel wird gesungen!
Ein komisches Virus hat sich nämlich über die ganze Klasse gelegt und anstelle zu sprechen, können alle nur noch singen.
Das wird umso lustiger, je mehr Fragen sich die Kinder gegenseitig singen.
Wer als Erster wieder spricht, anstatt zu singen, hat das Spiel verloren, buh!
Kaum ist dieses Virus auskuriert, breitet sich schon das nächste in der Klasse aus. Jetzt können alle nur noch Fragen stellen. Das heißt, dass natürlich auch die Antworten wiederum als Fragen gestellt werden.
Danach überfällt uns das Silbenvertauschvirus. Nun wird aus „Schokolade“ eine „Lokoschade“ und „Paulo, der Rauhhaardackel“ verwandelt sich in „Laupo, den Hauhdaarrackel“.

Angewurzelt

Zuerst sucht sich jeder irgendwo im Klassenzimmer einen gemütlichen Platz. Einer legt sich vielleicht auf den Teppich, eine setzt sich auf den Tisch, einer stellt sich hinter den Vorhang und so weiter. Nachdem sich jeder die Positionen der anderen eingeprägt hat, verlässt ein Kind den Raum. Die anderen tauschen jetzt ihre Sitz-, Stand- oder Lümmelplätze untereinander aus.
Nur ein einziger Spieler bleibt wie angewurzelt auf seinem Platz.
Sind alle fertig, wird das Kind, das vor der Tür gewartet hat, hereingerufen. Es schaut sich genau im Zimmer um und soll dann angeben, wer seinen Platz nicht verändert hat.

Lieder klatschen

Ein Schüler überlegt sich ein Lied, von dem er annehmen kann, dass es alle Mitspieler kennen. Den Takt dieses Liedes klatscht er vor. Wer von den Mitspielern meint, das Lied zu erkennen, verrät nichts, klatscht aber gleich mit. Für alle Spieler, die das Lied nicht erkannt haben, singen wir es gemeinsam vor und klatschen den Takt dabei.

Mathequatsch im Klassenzimmer

Wie viele Hände gibt es hier in unserem Klassenzimmer? Wie viele Blumen, Bilder, Türen, Stühle, Knöpfe …? Ganz besonders lustig wird's, wenn die Lehrerin fragt: „Wie viele Papageien sind nötig, wenn auf jedem Bubenkopf zwei und auf jedem Mädchenkopf drei sitzen sollen?“ Oder: „Wie viele Regenwürmer wären hier, wenn jeder fünf in seiner Schultasche hätte?“ „Wenn der Rektor jedem von uns acht Gummibärchen schenken würde, wie viele bräuchte er dann?“

Alles Gute kommt von oben

Wenn es draußen regnet, passt dieses Spiel ganz wunderbar. Einer beginnt und sagt vielleicht: „Es regnet arbeitslose Ameisen.“ Der Nächste wiederholt: „Es regnet arbeitslose Ameisen“ und fügt hinzu: „… und blaue Butterdosen.“ Der Dritte wiederholt die beiden vorausgegangenen Regenarten und fügt eine weitere, diesmal mit dem Buchstaben C an, z. B. „… und cremige Chemiebücher.“ So wird weitergespielt und der Regen wird durch neue seltsame Inhalte immer stärker. Wer sich verhaspelt oder wem nichts Passendes einfällt, der bekommt Hilfe von den Mitschülern. Das Spiel ist zu Ende, wenn es „zappelnde Zündkerzen“ oder „zahnlose Zebras“ regnet. C, Q, X und Y dürfen ausgelassen werden!

Wörterdrillinge

Wo lebt der Erdbeereisbär, und was bitte schön ist ein Regenschirmpilz? Bei dieser Wörterbastelei wird ein Wort vorgegeben, z. B. „Wasser". Nun soll jedes Kind ein Wort finden, das man so vor dieses Wort stellen kann, dass ein sinnvolles zusammengesetztes Wort entsteht, z. B. „Mineral-Wasser". Nun wird ein Wort zum Anhängen gesucht, z. B. „Wasser-Ball". Entstanden ist jetzt ein typisches „Quatschwort", nämlich „Mineral-Wasser-Ball". Mehrere „Mittelwörter" werden vorgegeben und die Kinder suchen nach den lustigsten Wörterdrillingen.

Haus: Baum**haus**, **Haus**frau – Baum**haus**frau

Das Montagsgesetz

Jeder Montagmorgen wird gleich viel lustiger, wenn sich die ganze Klasse ein neues Gesetz für den Tag überlegt. Je unsinniger und lustiger, desto besser!
Also wir können zum Beispiel als Gesetz verabschieden, dass jeder beim Betreten der Toilette lauthals „Es klappert die Mühle" singt oder sonst ein allen bekanntes Lied trällert. Oder wir entscheiden uns dafür, dass wir uns bis zur großen Pause siezen oder mit neuen Namen anreden. Wer dabei erwischt wird, das Gesetz zu missachten, zahlt ein Pfand und wartet mit Schaudern auf die Pfandverlosung kurz vor Unterrichtsschluss.

Lehr sustig

„Lehr sustig" kann ein ganz gewöhnlicher Vortrag werden, wenn man hie und da die Anfangsbuchstaben von zwei aufeinanderfolgenden Wörtern vertauscht.
Da wird dann aus einer „Flasche Limo" eine „Lasche Fimo" und ein Mathelehrer wird zum „Lathemehrer".

Lach- und Blinzelverbot

Immer zwei Banknachbarn schauen sich tief in die Augen. Sie sitzen einander wie versteinert gegenüber, dürfen nicht lachen, nicht lächeln und nicht einmal mit den Augen zwinkern. Sie dürfen natürlich auch nicht reden und sich keinesfalls am linken Ohr kratzen, auch wenn es dort noch so kitzelt. Wer zuerst eines der Verbote bricht, gratuliert dem Gegner zum Sieg.

Seltsame Sitzordnung

„Heute sitzt jeder an einem anderen Platz als sonst." Das wird jedem Kind gleich klar, wenn es das Klassenzimmer betritt, denn auf jedem Platz steht ein Namenskärtchen mit einem sehr seltsamen Namen darauf, wie zum Beispiel: „NRAIMT KNDE" oder „NNAE ELRAM".
Klar, dass da was nicht stimmt, und die Kinder bald draufkommen, dass die Buchstaben der Namen verdreht wurden und kein „NRAIMT KNDE" auf diesem Platz sitzen soll, sondern „MARTIN DENK".
Wer so weit gekommen ist, wird es sich bestimmt nicht nehmen lassen, auch die weiteren Namenrätsel zu lösen. Zuerst wird jeder natürlich seinen eigenen Namen suchen, dann rätseln, wer wohl der neue Banknachbar sein wird, wer vor und wer hinter einem diesen ungewöhnlichen Schultag verbringen wird.

Viel zu lachen ...

... hat, wer alle guten Witze, die er so in Zeitungen und Illustrierten findet, ausschneidet und in ein kleines Schulheft einklebt. Das Schulheft wird mit einer Schnur in einer Ecke des Klassenzimmers befestigt.
Ergänzt wird die Sammlung laufend durch überlieferte Witze, die die Schüler in das Heft eintragen. Schon nach kurzer Zeit ist das „Superbuch der Witze" entstanden und die ganze Klasse hat bestimmt eine Weile viel zu lachen. Hier kommen schon mal ein paar Vorschläge:

„Mama, soll ich Karli etwas vorsingen, damit er endlich einschläft?"
„Ach, versuch' es doch erstmal im Guten."

„Treffen wir uns?"
„Meinetwegen."
„Wo?"
„Mir egal."
„Gut, ich komme."
„Sei aber pünktlich!"

Ein Mann kommt zum Zirkusdirektor.
„Ich biete Ihnen eine sensationelle Nummer!"
„Ach, alles schon mal da gewesen", zweifelt der Direktor.
„Aber ich kann einen Vogel imitieren!", sagt der Mann,
„Das ist doch ein alter Hut", lehnt der Direktor ab.
„Ach so", sagt der Mann traurig, öffnet das Fenster und fliegt davon.

Falten

Jedes Kind sollte ein Schiffchen und einen Flieger basteln können. Das vertreibt in „Notzeiten“ die Langeweile, weil es eine ganze Menge Spielmöglichkeiten in sich birgt.

Und so wird's gemacht:

Das Schiffchen

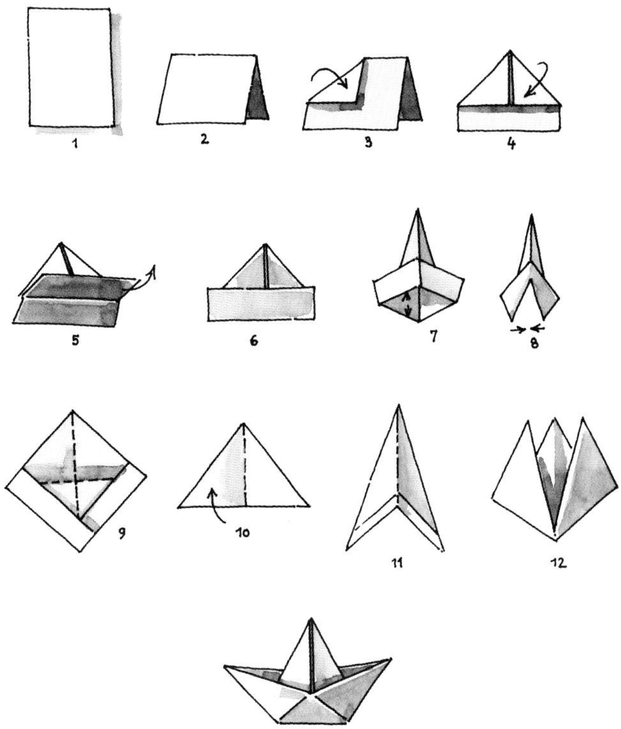

Der Papierflieger

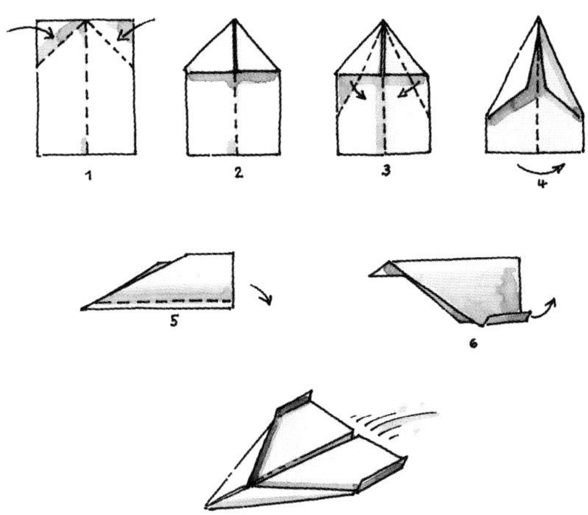

Die Hexe Pippifax

Ein Kind wirft einem beliebigen Mitschüler den Ball zu und beschreibt die Hexe Pippifax: „Sie hat zerzauste, rote Haare." Bevor der Mitschüler seinerseits den Ball weiterwirft, gibt er ein weiteres Merkmal der Hexe bekannt: „Sie hat nur noch einen langen, gelben Zahn im Mund!" So wird die Hexe Pippifax reihum immer genauer beschrieben. Mit dem Kassettenrekorder aufgenommen, kann man hinterher noch einmal genau hören, wie die Hexe in allen Einzelheiten ausschaut. Dann darf jedes Kind ein Bild von der seltsamen Dame zeichnen.

Der Verwandlungsstuhl

Ein Stuhl steht mitten im Zimmer und die Kinder laufen zur Musik um ihn herum. Irgendwann wird die Musik unterbrochen und das Kind, das dem Stuhl gerade am nächsten ist, stellt sich darauf und wird sofort verwandelt: in einen Frosch vielleicht oder in einen Rennwagen, der ungeduldig seinen Motor aufheulen lässt, in ein furchterregendes Monster oder in einen Dirigenten, der voller Hingabe sein imaginäres Orchester dirigiert.
Die Mitschüler schauen sich den verwandelten Spieler gut an. Sobald einer den Namen des Verwandelten nennt, zum Beispiel: „Ritter", erklingt wieder Musik, der Verwandelte reiht sich bei den anderen Spielern ein und alle laufen wieder um den Stuhl herum.

Der Häuptling der Tiere

Bei diesem lustigen Konzentrationsspiel müssen alle Schüler gut aufpassen, denn wer sich verhaspelt oder nicht mehr weiterweiß, scheidet aus!
Ein Kind beginnt den Spaß und sagt vielleicht: „Eine Katze macht miau." Der nächste Spieler sagt: „Eine Katze macht miau. Eine Ente macht quak." Der dritte Spieler wiederholt alle vorher genannten Tiere und fügt vielleicht noch eine Kuh hinzu: „Eine Katze macht miau, eine Ente macht quak und eine Kuh macht muh." Selbstverständlich dürfen auch mehrere Tiere einer Gattung in unserer Aufzählung dabei sein. Eine zweite Ente vielleicht? Dann heißt der Satz: „Eine Katze macht miau, zwei Enten machen quak, quak, eine Kuh macht muh" usw. Wer das Spiel am längsten durchhält, wird zum „Häuptling der Tiere" ernannt.

Die Spielkiste

Wo viel gespielt wird, leistet eine Materialkiste gute Dienste. Darin befinden sich:
- Luftballons
- Leere Karteikärtchen
- Schere
- Schnur
- Geschenkbändchen
- Bälle in verschiedenen Größen und ein Bohnensäckchen
- Murmeln
- Stifte
- Tesafilm und Kreppband
- Spielwürfel, ggf. auch ein Farbwürfel
- Ein Paket Spielkarten
- Knetmasse
- Zwei Kochlöffel oder chinesische Essstäbchen
- Tuch zum Augenverbinden oder eine „Schlafbrille“
- Eine Kassette mit Kinderliedern oder fetziger Partymusik

Der Quatsch-Karli

Die Lehrerin gibt zuerst eine genaue Beschreibung von Quatsch-Karli ab, zum Beispiel:
„Ich habe einen dicken, grünen, runden Bauch. An meinen zwei Köpfen wachsen rote, lockige Haare. Ich habe sechs Arme, aber nur vier Beine. Weil ich gerne Quatsch mache, lache ich auch meistens. Meine drei Augen sind genauso blau wie meine dicke runde Nase.“
Jetzt dürfen alle Kinder ein Bild vom Quatsch-Karli anfertigen. Die Bilder werden im Klassenzimmer aufgehängt, damit alle Kinder die Werke betrachten können. Wer hat in seinem Bild alle Details von Karli berücksichtigt?

Seid ihr alle da?

Wer immer leise sein soll, der braucht auch mal zwischendurch Gelegenheit zum Krachmachen. Jeder Spieler erhält ein Krachmacherinstrument. Dazu eignen sich zum Beispiel: Pfeifchen, Rasseln, Schlaginstrumente usw.
Nun werden den Kindern schnell nacheinander viele Fragen gestellt, zum Beispiel:

Wer hat Geschwister?
Wer hat ein Haustier?
Wessen Zahnbürste ist blau?
Wer fährt mit dem Fahrrad (Schulbus) zur Schule?
Wer ist schon älter als acht Jahre?
Wer hat im Januar Geburtstag?
Wer spielt gerne Fußball?
Jedes Kind, das eine Frage mit „ich" beantworten würde, macht stattdessen Krach. Am Ende stellt man eine Frage, bei der bestimmt jeder Krach machen wird, zum Beispiel: „Wer möchte ein Gummibärchen?" oder „Wer freut sich auf die Sommerferien?"

Verschluckt!

Ein Patient kommt zur Ärztin und beklagt sich über schreckliche Bauchschmerzen. Da zögert die Ärztin nicht lange und schneidet den Bauch des Patienten auf. Aber was ist das? Zum allgemeinen Staunen befördert die Ärztin einen seltsamen Gegenstand ans Tageslicht: ein Telefon vielleicht oder eine Schere, eine Spinne oder ein Radio.
Können Patient und Zuschauer an der Gestik und Mimik der „Ärztin" ablesen, was da verschluckt wurde?

Die Zauberbox

Die Lehrerin zeigt den Schülern schon am Morgen die Zauberbox. Eigentlich sieht sie aus, wie ein ganz gewöhnlicher, zugeklebter Schuhkarton. Aber irgendwas steckt da drin und genau darum geht es! Die Kinder dürfen während des Schultages die Zauberbox anheben, schütteln, drehen, daran schnuppern etc., nur öffnen dürfen sie die Schachtel natürlich nicht. Kurz vor Unterrichtsschluss darf jeder einen Tipp abgeben, was sich in der Zauberbox befinden könnte. Wer das Rätsel löst oder ihm zumindest von allen Vermutungen am nächsten kommt, darf die Box öffnen und den Gegenstand allen Kindern zeigen.
Es wäre natürlich gut, wenn der Gegenstand irgendetwas mit dem Unterrichtsstoff (Magnet, Tannenzapfen o. Ä.), der Jahreszeit (Kerzenständer, Luftschlangen o. Ä.) oder einem bevorstehenden Ereignis (Pappbecher, Eintrittskarten fürs Kinderkino o. Ä.) zu tun hätte.

5. Ich und du, Müllers Kuh

Der Wünschekreis

Zu Beginn des Schultages stellen sich alle Schüler im Kreis auf. Die Lehrerin hält eine Blume in der Hand, wendet sich ihrem rechten Nachbarn zu, übergibt ihm die Blume und wünscht ihm etwas für den Tag: „Timo, ich wünsche dir, dass du heute kein einziges Mal mit deinem Stuhl wackeln musst." Timo nimmt die Blume, dreht sich seiner rechten Nachbarin zu und sagt vielleicht: „Ellen, ich wünsche dir, dass du heute in Mathe eine gute Note schreibst." So wird die Blume von Kind zu Kind weitergereicht, bis auch die Lehrerin erfährt, was ihr für diesen Tag gewünscht wird. Sie stellt die Blume in eine Vase und dann an einen Platz, von dem aus die Blume für alle Kinder gut sichtbar ist.

Tipp: An einem grauen Wintermorgen reicht man statt der Blume eine Kerze im Kreis herum.

Geheimsprache

Toll, wenn man etwas versteht, was allen anderen ein Rätsel ist!
Die einfachste Geheimsprache besteht darin, bestimmte, wichtige Wörter auszutauschen. „Lehrer" wird ersetzt durch „Blumentopf", aus „Schülern" werden „Gummibärchen" die „Tafel" wird zur „Mutter", ein „Wort" heißt nun „Ball" usw.
Ein einfacher Satz könnte dann lauten: „Welches Gummibärchen möchte die Bälle an die Mutter schreiben?" Das klingt lustig, ist sehr befriedigend, wenn man die fragenden Gesichter der nicht wissenden Mitmenschen sieht und schmiedet die Geheimnisträger auf besondere Weise zusammen.

Streit darf sein

Ganz klar, Streit gehört hin und wieder in jede Schulklasse, wie in jede Familie. Dass sich Klassenkameraden mehr oder weniger oft in den Haaren liegen, gehört einfach dazu und er endet umso schneller, wenn man tunlichst vermeidet, sich als Lehrer einzumischen. Die Kinder finden schnell wieder zueinander, wenn nicht die Erwachsenen den Streit durch ihre Einmischung in die Breite treten würden.
Verbieten Sie den Streit also nicht! Verbieten Sie nur, dass sich die Streithähne unbedingt in Ihrer Nähe anbrüllen müssen!

Tipp:
Ganz kleine Streitereien zwischen zwei Schülern schlichtet man sofort, wenn man die Streithähne in Löwen verwandelt, die sich jetzt gegenseitig heftig anknurren dürfen. Das sieht komisch aus und hört sich auch so an. Im Nu fangen die beiden Streiter an zu lachen und alles ist vorbei.

Wenn zwei sich streiten

Wenn zwei sich streiten, meint man oft, Frieden stiften zu müssen. Die handfeste Anordnung: „Jetzt gehst du hin und entschuldigst dich beim Tobias!" mündet dann in ein patziges: „Tschuldigung!" Das ist eigentlich nicht der Sinn der Sache. Versuchen Sie einmal, das Kind zu ermutigen, dabei eigene Wege zu gehen. Sie werden sich wundern, welche ausgefallenen Friedensangebote dabei herauskommen. Und das Schönste dabei ist: Sie kommen wirklich von Herzen!

Fließbandarbeit

Muss zum Beispiel das Bücherregal ausgeräumt werden und die Bücher in den Schulkeller transportiert werden, ist man mit vielen Schülern natürlich fein raus. Alle Kinder haben Spaß daran, eine „lebendige Kette" zu bilden, die vom Bücherregal bis hinunter ins Lehrmittelzimmer reicht. Die Aufgabe jedes Mitgliedes besteht nun darin, die zugereichte Last vorsichtig an das nächste Kettenglied weiterzureichen. Kinder haben bei dieser „lebendigen Kette" das Gefühl, ein wichtiges Mitglied in der Gemeinschaft zu sein: „Ohne mich ging hier nix!"

So groß und noch so viel zu lernen

Versuchen Sie von Anfang an, den Kindern bestimmte Umgangsformen beizubringen. Manche Dinge kann man regelrecht trainieren, dazu gehört,

- einen Telefonanruf mit einem Fremden (Behörde usw.) tätigen, um zum gewünschten Ziel zu gelangen,
- auf einem Anrufbeantworter eine Nachricht hinterlassen, sodass der Empfänger etwas damit anfangen kann,
- einen Brief an eine fremde Person, Behörde usw. schreiben,
- sich selbst und Freunde Bekannten und Verwandten vorstellen,
- sich mündlich oder schriftlich beschweren, zum Beispiel beim Schulleiter, bei der Schulbehörde, beim Busunternehmer usw. – generell lernen, wie man Kritik sachlich äußert,
- lernen, ein guter Gastgeber zu sein (Dazu gehört auch, das Klassenzimmer so weit aufzuräumen, dass der Gast nicht gezwungen ist, einen Stuhl unter Bücherbergen hervorzuholen),
- andere stets so zu behandeln, wie man selbst gerne behandelt werden möchte,
- nicht zuzuschauen, wenn anderen Unrecht geschieht,
- erkennen, dass einem die Zauberwörter: „bitte", „danke" und „Entschuldigung" auch noch im hohen Grundschulalter nützen und schneller ans Ziel bringen,
- im Streitfall möglichst sachlich mit fundierten Argumenten auftreten.

Klassenumarmung

Die ganze Klasse auf einmal als einen Menschenball zu umarmen gibt ein tolles Gefühl der Zusammengehörigkeit!

Du bist okay

Es gibt eine Menge Kinder, denen zu Hause niemand anerkennend auf die Schulter klopft. Wie schön, wenn dieses Kind merkt, dass es von seiner Lehrerin wahrgenommen wird, die seine Erfolge sieht und ihm Anerkennung gibt.

Timing

Alles im Leben hat seine Zeit. Kein Mensch wird im Schneesturm zum Blumenpflücken gehen. Gibt es eine heftige Auseinandersetzung mit einem Schüler, kann man keine Regeln für künftiges Verhalten aufstellen. Erst wenn der Sturm vorbeigezogen ist, können beide Seiten in Ruhe über das Vorgefallene reden und Pläne machen, wie man solche Auseinandersetzungen künftig vermeiden oder in einer anderen, friedlichen Form austragen kann.

Erklärung

Versuchen Sie stets dem Kind eine Anordnung oder Regel kindgerecht zu erklären. Einsicht in die Notwendigkeit wirkt tausendmal mehr als Schimpfen und Ermahnen.

Strafen

Mit einer Strafe erreicht man beim Kind niemals eine Änderung seines Verhaltens. Eine Strafe zeigt dem Kind höchstens: Hier habe ich was falsch gemacht. Was es aber hätte tun sollen, drückt eine Strafe nicht aus. Das Kind wird zornig, ängstlich, unsicher und verliert sein Selbstwertgefühl, denn Strafen sind beschämend. Wer das Verhalten des Kindes ändern möchte, muss mit dem Kind zusammenarbeiten, reden und Pläne machen, wie es sich das nächste Mal richtig verhält.

Rituale helfen

Kinder lieben Rituale, weil sie ihnen Halt, Sicherheit und Vertrauen geben. Besonders in schwierigen, lernintensiven Zeiten sind Rituale für viele Schüler die Halteseile im Schulalltag. Das beginnt mit der Begrüßung am Morgen und endet vielleicht bei der „Tagesrückschau“ am Ende des Unterrichts. Natürlich sollten auch Rituale von Zeit zu Zeit auf ihre Zweckmäßigkeit überprüft und ggf. durch neue ersetzt werden.

Wer wird König?

Zwei Kinder, die gerade nicht so besonders gut miteinander auskommen, dürfen um das Amt des neuen Königs wetteifern. Dabei hat jeder die Aufgabe, die Fähigkeiten des Kontrahenten anzupreisen.
Wer das am besten kann – und die Mitschüler stimmen darüber ab – gratuliert dem Partner zu seinem neuen Amt, hat aber selbst das Spiel gewonnen.

Tauziehen

Tauziehen zu zweit, in Gruppen oder gar Klassenmannschaften (zum Beispiel gegen die Parallelklasse) macht Spaß, baut überschüssige Energie ab und fördert das Zusammengehörigkeitsgefühl der jeweiligen Mannschaft.

Gute Zuhörer

Warum besitzt der Mensch zwei Ohren aber nur einen Mund? Klarer Fall: Weil er in erster Linie zuhören soll! Auch das gegenseitige Zuhören kann trainiert werden. Die Schüler sollen erkennen, dass man zuerst mit den Augen zuhört, also Augenkontakt zur sprechenden Person herstellt. Nur daran erkennt der Sprecher, dass die Zuhörer wirklich an seinen Worten interessiert sind und seine Meinung oder sein Wissen wertschätzen. Das gilt natürlich auch, wenn die Lehrerin spricht. Wer zu den Schülern Augenkontakt hält (was natürlich in einer großen Klasse nicht einfach ist), wird schnell feststellen, dass es viel weniger Unterrichtsstörungen gibt, viel weniger Nachfragen und am Ende viel mehr vom Gesagten bei den Schüler „hängen“ bleibt.

Das Buch der Klassenrekorde

Immer nur der Kleinste in der Klasse zu sein oder der Schwächste, der schlechteste Kopfrechner oder der langsamste Schnellläufer, das macht auf die Dauer schon Aggressionen. Natürlich wird es immer Unterschiede geben, aber in jedem Kind steckt mindestens eine Fähigkeit oder eine Eigenschaft, in der es allen anderen überlegen ist. Solche bedeutenden Leistungen werden im „Buch der Klassenrekorde" notiert.
Wer kann die längste Zeit die Luft anhalten? Wer kann einbeinig am weitesten springen? Wer hat die größte Hand, die kürzesten Haare, die meisten bleibenden Zähne etc.?
Am Ende jeder Schulwoche werden die neuen Rekorde feierlich ins „Buch der Klassenrekorde" eingetragen.

A star is born

Wer für eine ganz besondere Leistung eine sichtbare Auszeichnung verdient, dem wird ein Orden verliehen.
Ein Bierdeckel wird mit Buntpapier oder Bastelfolie bezogen und dann mit Glimmer verziert. Ggf. schreibt man noch „Star" oder Ähnliches in die Mitte des Ordens.
Eine Sicherheitsnadel, die man mit einem Streifen Tesafilm auf der Rückseite fixiert, ermöglicht es, den Button an der Kleidung zu befestigen.
Damit gewährleistet ist, dass jedes Kind mindestens einmal im Schuljahr diese Auszeichnung erhält, kann man die Orden auch zum Geburtstag verleihen. Dazu schreibt man den Namen des Kindes und das Geburtsdatum in die Mitte des Buttons.

Ich denk an dich

Die Namen mit den jeweiligen Adressen aller Schüler und der Lehrerin werden einzeln auf Zettel geschrieben.
Die Zettel warten zusammengefaltet in einer Schachtel auf die Ziehung am letzten Schultag vor den nächsten Ferien. Dann schnappt sich jedes Kind einen Zettel, schaut nach, ob sich nicht zufällig der eigene Name darauf befindet und steckt den Zettel, ohne ein Wort zu verraten, ein.
Während der Ferien soll nun jeder Schüler dem Kind, dessen Namen er gezogen hat, eine Ansichtskarte schicken. Na, da wird es so einige Überraschungen geben, besonders wenn man Post von einem Mitschüler bekommt, mit dem man vielleicht normalerweise gar nicht viel anzufangen weiß. Ein nettes Ritual, das die Klassenzusammengehörigkeit fördert.

Liebe Wünsche zum Geburtstag

Jedes Kind erhält von der Lehrerin ein Teelicht, zündet es an, stellt es dem Geburtstagskind auf den Platz und wünscht ihm was, zum Beispiel:
... dass du deine Buskarte wiederfindest,
... dass du einen Einser in der Matheprobe bekommst,
... dass du in die Fußball-E-Jugend aufgenommen wirst,
... dass du bald deinen Schnupfen loswirst.
Sind alle Wünsche geäußert, holt das Geburtstagskind tief Luft und bläst die Kerzen aus.

Singen schafft Nähe

Mit den anderen Kindern in der Klasse singen stärkt das Gemeinschaftsgefühl der Schüler, weckt in ihnen einen Bezug zum kulturellen Erbe und wirkt angestautem Bewegungsdrang und damit verbundener Aggressivität entgegen.

Gegenseitige Wertschätzung

Positive Verstärkung ist der Schlüssel zum Erfolg bei den meisten Menschen. Aber nicht nur Schüler brauchen Lob und Anerkennung! Denken Sie ab und zu auch an Kollegen, an Putzfrauen und den Hausmeister – und geizen Sie nicht mit anerkennenden Worten und Komplimenten.

Tipp: Sprechen Sie immer mal wieder mit den Schülern über die Arbeit des Hausmeisters, der Putzfrauen usw. Nur wer deren Arbeit kennenlernt, weiß sie zu schätzen und ändert dann vielleicht sein eigenes Verhalten.

Von Ja- und Neinsagern

Wer ständig im Stress ist, hat meistens zu oft „Ja“ gesagt. Das trifft ganz besonders für Lehrer zu, die ihren Beruf ernst nehmen. Wer zusagt, beim Fußballfinale des Landkreises dabei zu sein, muss das tun, egal, was sonst noch los ist. Was man verspricht, muss man halten. Das gilt ganz besonders für das Verhältnis zwischen Lehrer und Schülern. Darum also vorher gut überlegen, wozu man „Ja“ sagt, lieber in ein „Ich kann es dir nicht versprechen, aber ich werde es versuchen.“ ausweichen, als ein Kind enttäuschen. Trauen Sie sich auch „Nein“ zu sagen. Sie haben keine acht Arme und können sich nicht am nächsten Samstag für die vielen anstehenden „Events“ klonen. Niemand hat etwas davon, wenn Sie gerade mal fünf Minuten dem hiesigen Dorftheater und den dabei auftretenden Schülern zusehen, um dann sofort zum Tennisplatz zu eilen, wo eine weitere Schülergruppe ihr Können zeigt, während zu Hause der Wochenendbesuch bereits vor Ihrer unaufgeräumten Wohnung in Erwartung eines Drei-Gänge-Menüs lauert. Notieren Sie, wem Sie abgesagt haben und warum. Das nächste Mal sind dann diese Schüler an der Reihe.
Kinder haben ein sehr empfindliches Gefühl für Gleichberechtigung. Denken Sie daran, wenn Sie einem Kind zusagen, auf seinem Geburtstagsfest vorbeizuschauen, müssen Sie dann vermutlich auf weitere 29 Geburtstagspartys, Kommunions-, Konfirmations- und Firmungsfeiern.

Minicrashkurs in Fremdsprachen

Befinden sich ausländische Kinder in der Klasse, sollten alle Lehrer, die hier unterrichten, in jeder dieser Sprachen wenigstens ein paar Wörter sprechen können.
Ausländische Lehrer, die an Ihrer Schule bzw. im Ort unterrichten, aber auch die Schüler selbst, freuen sich, wenn die deutschen Lehrer Interesse an ihrer Sprache zeigen und bringen ihnen gerne etwas bei.
Nutzen Sie die Minuten vor der Pause oder vor Schulschluss, dass alle Kinder in der Klasse ein paar Wörter in diesen Fremdsprachen lernen. Ein ausländisches Kind bringt den Mitschülern bei, in seiner Muttersprache beispielsweise bis zehn zu zählen oder „Guten Tag“ zu sagen.

Vorbildlich

Dass ein Lehrer ein Vorbild für seine Schüler ist, weiß jeder. In welche Dimensionen das aber reicht, lernt man erst, wenn man eine Weile unterrichtet hat. Die Art zu sprechen, wird von den Schülern genauso übernommen wie Lehrers Lieblingsbelag auf dem Pausebrot. Wer schon mal mit einer Laufmasche in der Klasse stand, weiß, wie genau man als Lehrerin betrachtet wird, und wird spätestens nach dem 32. Hinweis „Sie haben eine Laufmasche!“ schleunigst die Strumpfhose wechseln. Genauso überträgt sich die Art und Weise, wie man Ordnung auf dem Pult hält, wie sorgfältig man die Bücher und andere Materialien behandelt und wie man mit negativen oder störenden Einflüssen (Lautsprecherdurchsagen usw.) umgeht.

Tuschelzeit

Drei Minuten lang ist jetzt „Tuschelzeit“ angesagt. Jedes Kind flüstert hinter vorgehaltener Hand mit seinem Partner. Was da erzählt wird, bleibt den beiden überlassen. Wichtig ist nur, dass die anderen Kinder nichts davon mitbekommen. Das Flüstern und Tuscheln macht nicht nur Spaß, es fördert die Intimität zwischen den beiden Banknachbarn und wirkt sich positiv auf gegenseitige Hilfestellung und Vertrauen aus.

Knisterkonzert

Jeder Schüler bekommt verschiedene Papiere, die er zerreißen, zerknüllen und wieder auseinanderziehen kann. Je vielfältiger und je lauter die Geräusche, die dabei entstehen, desto besser. Auf „Los!“ versuchen alle ihre Geräusche aufeinander abzustimmen, vielleicht im Takt zu knüllen und zu reißen, gemeinsam einen Rhythmus zu finden – eine Aufgabe, die eine Menge Einfühlungsvermögen verlangt.

Hand auf Hand

Immer zwei Kinder stellen sich einander gegenüber, legen ihre Handflächen aneinander und schließen die Augen. Wenn die Lehrerin in die Hände klatscht, drehen sich die Paare langsam einmal auf der Stelle im Kreis. Ohne dabei auch nur zu blinzeln, versuchen sie, die Hände des Spielpartners wiederzufinden.

Der Außenseiter

Ein Schüler wird zum Rater und verlässt das Klassenzimmer. Die anderen überlegen sich eine bestimmte Körperhaltung oder einen Gesichtsausdruck, den alle, bis auf einen einnehmen. Zum Beispiel verschränken alle ihre Arme, nur ein Spieler nicht. Jetzt wird das Ratekind zurück ins Zimmer gerufen. Es soll schnell erkennen, wer der Außenseiter ist.

Extrawurst

Kleine Feiern erhalten die Freundschaft! An einem außergewöhnlichen Tag, wenn beispielsweise ein Test besonders gut ausgefallen ist oder sich ein anderer Lehrer lobend über die Schüler ausgelassen hat, sollte die ganze Klasse gemeinsam auf den Erfolg anstoßen. Dazu wird ein besonderes Getränk gebraut, das es nur zur Feier dieser Anlässe gibt, zum Beispiel:
Pfefferminzkakao: Eine Kanne Pfefferminztee aufbrühen und nach Geschmack etwa drei Esslöffel gesüßtes Instant-Kakaogetränk (und zwar solches, das mit Wasser zubereitet wird) einrühren.

Augen zu!

Ein Spiel, das helfen kann, Vertrauen zu seinem Banknachbarn zu fassen, weil sich jeder dem anderen für ein Weilchen anvertraut.
Einer von beiden schließt die Augen. Der andere nimmt seine Hand und führt ihn vorsichtig durchs Klassenzimmer. Er passt gut auf, dass sein „blinder" Partner nirgends anstößt oder stolpert. Nach ein paar Minuten werden die Rollen getauscht.

Tipp: Schwieriger, aber auch spannender wird es, wenn man den beiden Partnern ein paar Hindernisse in den Weg legt.

Das Strahlenlied

Alle Kinder legen sich rücklings und strahlenförmig auf den Boden. In der Mitte liegen die Köpfe dicht beieinander. Ein Kind, das aus irgendeinem Grund heute besonders viel Aufmerksamkeit braucht, beginnt und summt leise ein Lied. Die anderen summen leise mit. Summt das Kind lauter, werden auch die Mitsänger lauter. Einmal brummt es, einmal piepst es, wie auch immer, alle Kinder machen es genauso nach.

Das Regendach

Es regnet und die große Pause muss deshalb ins Schulhaus verlegt werden? Nicht für uns! Aus Plastikplanen (zum Beispiel aufgeschlitzte Müllsäcke) basteln sich die Schüler ein Riesenregendach, indem sie die einzelnen Planen mit Klebestreifen aneinander befestigen.
Ist das Regendach fertig, stellen sich alle kleinen Spaziergänger darunter auf und los geht's vergnügt in die große Pause. Na, da werden die Kinder von anderen Klassen aber Augen machen!

Der Riesenwurm

Die Schüler setzen sich dicht hintereinander auf den Boden und jeder umfasst mit den Beinen fest die Taille seines Vordermannes. Sind alle miteinander verbunden, macht sich der seltsame Riesenwurm auf den Weg. Der vorderste Spieler gibt das Startzeichen und alle Kinder bewegen sich auf die Arme gestützt vorwärts. Klingt schwierig? Das ist es auch, aber sehr, sehr lustig und es unterstreicht das schöne Gefühl: „Wir gehören zusammen."

Wer bin ich?

Ein Schüler kommt vor die Klasse und schlüpft in Gedanken in die Rolle eines beliebigen Mitschülers. Nun dürfen die anderen Kinder Fragen stellen, zum Beispiel: „Was ist dein Lieblingsfach?" oder „Spielst du gerne Fußball?" etc. Das verwandelte Kind antwortet immer so, wie die gedachte Person antworten würde. Wer erkennt zuerst, in welchen Mitschüler das Kind geschlüpft ist?

6. Minutenknüller oder: Jede Minute zählt

Das Minutenwort

Lernen Sie den Schülern ein außergewöhnliches Fremdwort, ein Wort oder eine Redewendung in einer anderen Sprache! Die Schüler bilden Sätze mit diesem Wort bzw. wenden den Ausdruck an. Stolz werden sie nach Hause gehen und dieses besondere Minutenwort, das sie an diesem Tag gelernt haben, den Eltern, Geschwistern und Freunden erklären.

Der Überraschungsausflug

Ein Schüler darf sich in einen Wäschekorb setzen. Über das Kind wird eine Decke gebreitet und zwei starke Mitschüler schieben den Korb dann durch das Klassenzimmer. Der Korbinsasse versucht den Weg in Gedanken mitzufahren. Ist das Ziel erreicht, der Korb steht vielleicht gerade zwischen Katrins und Stefans Platz, muss der blinde Passagier genau angeben, wo er sich befindet.

Das bin ich

Kleine sinnvolle Beschäftigung für einzelne Schüler gesucht? Ein Lineal, ein Maßband und ein Spiegel sind alles, was man dazu braucht. Wer weiß, wie lang seine Nase ist? Wie breit ist der große Zeh und wie lang die Zunge? Solche und viele Dinge mehr werden gemessen und die Angaben auf dem Block notiert. Klar, dass die Angaben bei Gelegenheit verglichen werden, um festzustellen: Wer hat das längste Ohr? Wer hat den breitesten Mund? Wessen „Zeigezeh" ist länger als der große? Usw.

Verwandlung

„Verwandlung" ist ein Spiel, bei dem die kindliche Fantasie Purzelbäume schlagen darf. Ein Alltagsgegenstand, wie zum Beispiel ein Zellstofftaschentuch, wird auf den Tisch gelegt und soll nun in der Fantasie verwandelt werden. So ein Taschentuch könnte beispielsweise in einen Minifallschirm für Playmobilpüppchen verwandelt werden, zu einer Bettdecke für den Goldhamster zusammengelegt werden, als Fahne benutzt werden oder zum Auspolstern eines Vogelnestes dienen.
Je öfter man dieses Spiel mit verschiedenen Dingen durchführt, umso mutiger werden die Kinder, ihrer Fantasie freien Lauf zu lassen, und umso interessanter werden die Verwandlungsvorschläge.

Rätselhafte Verwandtschaft

Noch eine Minute bis zum Ende der Stunde? Hier kommt ein Vorschlag für Schnelldenker: Verwandtschaftsverhältnisse erraten!
Carolins Vater ist der Sohn von Luise. Wie sind Carolin und Luise verwandt? (Luise ist Carolins Großmutter.)
Wie ist der Sohn von Gerda mit ihrem Bruder verwandt? (Er ist der Neffe des Bruders.)
Paulas Enkel ist der Neffe von Gerda. Gerda ist nicht Paulas Tochter. Wie ist sie dann mit Paula verwandt? (Sie ist ihre Schwiegertochter.)

Der Gedankenspaziergang

Ein bisschen Entspannung und Ruhe vonnöten? Dann auf zu einem Spaziergang in Gedanken!
Alle Kinder schließen die Augen. Die Lehrerin beschreibt jetzt einen Spaziergang zu einem ungewöhnlichen Ort, zum Beispiel verwandeln wir uns in Gedanken in Adler und starten zu einem Flug im Gebirge. Oder wie wäre es mit einem Ausflug in eine unterirdische Maulwurfshöhle, eine Bootsfahrt über einem ruhigen Froschteich ...
Wichtig dabei ist, dass keine spannenden Erlebnisse erzählt werden, sondern mit ruhiger, geradezu monotoner Stimme die Landschaft, die Stimmung, das Licht, Gerüche usw. beschrieben werden.
So ein Ausflug, der nach ein paar Minuten wieder zurück in die Wirklichkeit führt, wirkt außerordentlich entspannend und gleichzeitig erfrischend für Geist und Seele.

Meine Anti-Wut-Insel

Nach einer Zeit längeren Anspannung, zum Beispiel nach einem Test oder nach einer wilden großen Pause, werden alle Kinder schnell wieder ruhiger, wenn man sie für kurze Zeit auf ihre Anti-Wut-Inseln „beamt" und sie sich dort für ein paar Minuten entspannen können.
Bei einem ist es vielleicht die Hängematte hinten im Garten, bei einem anderen das Wohnzimmer der Großmutter oder ein geheimes „Lager" auf dem Speicher.
Die Kinder werden angeregt, die Augen zu schließen, tief und gleichmäßig zu atmen und sich dabei möglichst viele Einzelheiten ihrer „Inseln" ins Gedächtnis zurückzurufen. „Wie riecht es an diesem Ort?", „Welche Geräusche kann man auf der Insel wahrnehmen?", „Wer wohnt dort auch noch?" (Ameisen, Möwen etc.)

Stille Wörter

Ein Schüler geht aus dem Klassenzimmer, während alle anderen ein ziemlich langes Geheimwort aussuchen, zum Beispiel „Pfingstferien". Wenn der Rater wieder zurückgekommen ist, sprechen ihm alle Kinder das Wort vor, jedoch ohne dabei einen Laut von sich zu geben.
Der Rater schaut also genau auf die Lippenbewegungen der Mitspieler und soll dann das Lösungswort nennen.

Mein Schulweg

Dieses Spiel eignet sich ausgezeichnet dazu, die Kinder zu beruhigen und dadurch für die kommende Unterrichtsstunde vorzubereiten.
Alle Schüler stehen auf und werden aufgefordert, die Augen zu schließen und sich in Gedanken vor ihre Haustür zu „beamen". Dann geht jeder in seiner Vorstellung den ganzen Schulweg von zu Hause bis zur Schulhaustür noch einmal nach. Wer in der Schule angekommen ist, setzt sich leise auf seinen Platz.

Chinesisches Erkennungsspiel

Einem Kind werden die Augen verbunden. Die Mitspieler holen jetzt einen beliebigen, nicht zu kleinen Gegenstand herbei, zum Beispiel eine Gießkanne oder eine Zange. Der Blinde nimmt in jede Hand ein chinesisches Essstäbchen und ein Mitspieler führt seine Hände zu dem Gegenstand. Kann der Blinde mit den Stäbchen ertasten, um was es sich handelt? Die Aufgabe ist nicht einfach, darum bekommt der Spieler auch genügend Zeit zum Abtasten des Gegenstandes.

Lotterie in Dosen

Hat da jemand eine besondere Überraschung verdient oder vielleicht Geburtstag? Dann ist genau der richtige Zeitpunkt für diese Lotterie gekommen. Auf einem Tisch stehen brav nebeneinander zehn gleiche Dosen (Schachteln, umgedrehte Pappbecher o. Ä.). Fünf sind mit kleinen Preisen gefüllt, fünf sind Nieten und beinhalten jeweils einen Stein.
Der Spieler bekommt nun fünf bunte Spielsteine und legt sie auf beliebige Dosen seiner Wahl. Dann dreht ein anderer Schüler langsam jede Dose mit Spielstein um und der Lotteriespieler erhält alles, was darunter ist als Gewinn.
Als kleine Preise eignen sich: Gummibären, getrocknete Früchte, Nüsse, Kekse, Murmeln, Luftballons oder sogenannte „Wasserbomben", Kaugummis usw.

Klapper-Fix

Auf dem Tisch liegen zehn verschiedene, kleine Gegenstände, zum Beispiel eine Büroklammer, eine Murmel, ein Knopf, ein Ring usw.
Genau die gleichen Dinge hat der Partner noch einmal in seiner Schachtel. Heimlich steckt er einen Gegenstand in ein Filmdöschen und übergibt es dem Spieler. Der klappert mit dem Döschen, hört genau auf das Geräusch, vergleicht mit den Dingen auf dem Tisch und soll dann angeben, welcher Gegenstand dieses Klappergeräusch erzeugt.
Klar, dass danach die Rollen getauscht werden.

Klassenkonzert

Zu einem kurzen, klassischen Musikstück stehen alle Kinder an ihren Plätzen und dürfen das imaginäre Orchester dirigieren. Das bewirkt, dass die Kinder der Musik sehr konzentriert zuhören und sich nebenbei am Platz bewegen. Es entsteht keine Unruhe, dafür eine angenehme, ausgeglichene Stimmung – ideal für die Fortsetzung des Unterrichts.

Der verlorene Vierling

Die Kinder spielen in Gruppen zusammen. Jede Gruppe erhält ein gewöhnliches Kartenspiel. Der Spielleiter nimmt heimlich eine Karte aus dem Kartenspiel und legt sie verdeckt zur Seite. Die restlichen Karten werden gut gemischt und auf dem Tisch ausgebreitet. Die Spieler betrachten die Karten genau, vergleichen, zählen und suchen, welche Karte fehlt. Wer das zuerst herausbekommt, gewinnt. Ein Spiel, das die Konzentration, das genaue Betrachten, Vergleichen und die Ausdauer schult.

Fit mit Hit

Ein Schüler wird ausgewählt, der an diesem Tag der „Fitnesstrainer“ seiner Klasse sein darf. Er stellt sich vor die Schüler, schaltet seinen Lieblingshit ein und macht bestimmte gymnastische Übungen vor, zum Beispiel auf dem Platz laufen oder „Hampelmann“, die Arme wie Propeller kreisen lassen usw. Die Mitschüler machen alle Übungen gleichzeitig mit. Die Fitnessübung dauert so lange wie das ausgewählte Lied.

Buchtuch

Ein dünnes, großes Buch, eine Stoppuhr bzw. eine Uhr mit Sekundenzeiger und ein hauchdünnes Tuch, das aus einer Lage eines Zellstofftaschentuches besteht, werden für dieses Spiel gebraucht. Ein Kind wirft das Tüchlein hoch in die Luft und fächelt ihm sofort mit einem Buch Luft zu. Ein anderer Schüler misst mit der Stoppuhr, wie lange der Spieler sein Tüchlein in der Luft halten kann, bevor es schließlich zu Boden sinkt. Die erreichte Zeit wird mit dem Namen des Spielers notiert. Es gewinnt am Ende natürlich derjenige, dessen Tuch am längsten durch die Lüfte geflattert ist.

Die Elefantenmäuse GmbH

Sobald Musik zu hören ist, bewegen sich die Kinder frei im Klassenzimmer. Die Lehrerin betätigt den Lautstärkeregler und dreht die Musik einmal ganz laut und einmal wieder ganz, ganz leise. Entsprechend bewegen sich die Kinder. Bei leiser Musik huschen sie fast lautlos wie scheue Mäuse durchs Klassenzimmer. Laute Musik verwandelt die Kinder in Elefanten, die mit schweren Schritten durch den Raum stapfen. Wird die Musik schließlich ganz ausgeschaltet, flitzen alle schnell zurück auf ihre Plätze.

Das Künstlerpaar

Immer zwei Künstler dürfen jetzt zusammen malen. Aber so einfach ist das Ganze natürlich nicht. Die Partner setzen sich so, dass einer am Tisch sitzt, vor ihm liegt das Zeichenblatt und er hält einen Stift in der Hand. Sein Partner sitzt hinter ihm und malt ihm mit dem Finger ganz langsam ein Bild auf den Rücken. Der vordere Maler überträgt jede Linie auf das Papier. Sehr lustig, was dabei so alles herauskommt!

Fensterschwung

Die Kinder stellen sich an die weit geöffneten Fenster mit dem Blick nach draußen. Jetzt bewegen alle ihre beiden Arme nach links, holen Schwung und drehen sich nach rechts, ohne dabei den Standplatz zu verlassen. Gleich noch mal und noch mal und dann starten wir das Ganze von rechts und schwingen nach links. Anstrengend soll das auf keinen Fall sein, dafür locker und beschwingt. Am besten gelingt das mit Walzermusik im Hintergrund.

Das Lichtspiel

Das Klassenzimmer wird so weit es geht verdunkelt. Die Kinder stehen an ihren Plätzen und schauen zur Tafel. Die Lehrerin hält eine Taschenlampe in der Hand und richtet sie so, dass der Lichtkegel auf der Tafel zu sehen ist. Nun bewegt die Lehrerin den Lichtpunkt und alle Kinder bewegen sich genauso mit. Der Lichtpunkt wandert nach links und gleich wieder nach rechts, springt plötzlich nach oben, beschreibt einen kleinen Kreis, wird ganz winzig klein, hüpft im Zickzack usw.

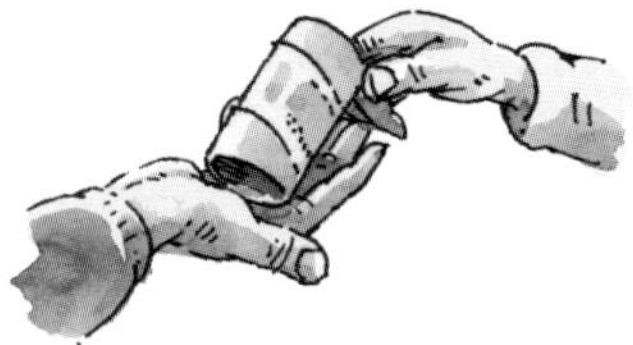

Der Rollenspaziergang

Ein ruhiges Spiel, das die Konzentration und Bewegungskoordination fördert. Jedes Kind braucht zwei Papprollen, zum Beispiel aus dem Inneren von Toilettenpapier. Einer streckt die Handflächen aus, sein Partner stellt ihm die Papprollen auf die Handflächen. So helfen sich die Kinder gegenseitig, bis schließlich alle langsamen Schrittes mit ihrer seltsamen Fracht durchs Klassenzimmer gehen. Ein Schüler wird zum Helfer, sammelt heruntergefallene Rollen auf und stellt sie wieder auf, wo sie hingehören. Nach drei Minuten gibt die Lehrerin ein Zeichen und alle Kinder begeben sich langsam wieder zu ihren Plätzen.

Das Buchstabenfangen

Dieses Spiel bringt nicht nur wohltuende Bewegung zwischendurch, sondern trainiert ganz nebenbei das Alphabet.
Zuerst bekommt jeder Schüler ein „Post-it"-Zettelchen mit einem Großbuchstaben an die Kleidung geheftet. Alle Kinder bewegen sich frei im Raum, bis die Lehrerin das Startzeichen gibt. Sofort versucht jeder, den Schüler zu fangen, der den Vorgänger im Alphabet auf seinem Zettel hat, also: Schüler S fängt Schüler R, der wiederum jagt hinter dem „Q"-Träger her, der seinerseits das „P" im Auge hat. Wem es gelingt, den Vorgänger zu fangen, bevor er selbst von seinem Jäger berührt wird, hat sein Spiel gewonnen und setzt sich zusammen mit seiner „Beute" auf den Boden, während die übrigen Kinder weiterspielen.

Tipp: Bei der Verteilung der Buchstaben müssen die Schüler genau wissen, wen sie fangen sollen, da das natürlich von der Schülerzahl abhängt. Wären beispielsweise genau 26 Kinder anwesend, müsste Schüler A den Schüler Z fangen. Bei 23 Kindern dagegen heißt sein Beutekind „W".

Pfiffig

Kinder, die besonders angespannt oder ärgerlich sind, werden gleich wieder ausgeglichener, wenn sie pfeifen dürfen. Ohne besonders auf die Situation einzugehen, fordert man die Kinder auf, schnell aufzustehen und gemeinsam, mit ihrer Lehrerin ein Lied zu pfeifen. Besonders gut klappt das, wenn man ein entsprechendes „Mitpfeif"-Lied auf CD laufen lässt. Der Trick besteht darin, dass verbissene Mienen nicht pfeifen können. Die Gesichtsmuskeln entspannen sich beim Pfeifen, die fetzige Musik heitert auf und bringt die Kinder wieder zusammen.

7. Das positive Dreieck: Schüler – Lehrer – Eltern

Beruf: Lehrer

Ein Lehrer, zumindest einer, der seinen Job ernst nimmt, ist nicht nur ein Lehrer! Er ist Nachschlagewerk, Eheberater, Schulgärtner, Krankenschwester, Butler, Putzfrau, Drogenberater, Fahrradschlossknacker, Chauffeur, Prellbock, Lumpensammler, Entertainer, ein Star, ein Müllschlucker und vieles mehr. Erzählen Sie ruhig den Eltern von Ihrem Multi-Tasking-Job. Das bewirkt ein bisschen mehr Verständnis und Anerkennung für Ihren Beruf.

Wir reden miteinander

Kommunikation mit den Eltern ist der Schlüssel zum schulischen Erfolg des Kindes. Wenn ein persönliches Gespräch in der Sprechstunde nicht zustande kommt, gibt es ja noch das Telefon, E-Mails oder ganz gewöhnliche Briefe. Auch ein Besuch zu Hause bringt Lehrern viel neue Informationen und Verständnis für das Kind. Allerdings sollten solche Besuche nicht unangekündigt stattfinden.

Zeugnisse für Eltern

Wer sagt denn, dass bloß Kinder Zeugnisse bekommen? Heute schreiben wir mal Zeugnisse! Jedes Kind bekommt einen selbst entworfenen Zeugnisvordruck und trägt zuerst in schönster Schrift Namen, Geburtstag etc. des Zeugnisinhabers ein. Anstelle von Fächern wie Mathe und Deutsch schreibt man die Fähigkeiten der Eltern auf, die einem wichtig sind, also vielleicht Geduld haben, zuhören können, lachen usw. Und nicht vergessen: Auch Erwachsene freuen sich über Lob!

Fahrgemeinschaften

Fahrgemeinschaften zur Schule oder zu regelmäßigen außerschulischen Veranstaltungen sind vernünftig, sparen Zeit und Geld und schützen die Umwelt. Aber auch hier gibt es ein paar Dinge, die man beachten sollte.
Sprechen Sie mit den Eltern auf dem nächsten Elternabend darüber und vielleicht beherzigen diese ja auch einige der folgenden Tipps:

- Alle Kinder müssen angeschnallt sein. Zur Not behauptet man einfach, das Auto fahre nicht, wenn nicht alle angeschnallt sind.
- Vor dem Türeschließen heben alle Kinder ihre Arme in die Luft oder verschränken sie vor dem Körper, denn ein Finger in der Autotür ist sehr schmerzhaft!
- Der Fahrer ist der Kapitän. Alle Passagiere richten sich nach seinen Anweisungen.
- Singen schafft gute Laune und beschäftigt.
- Einen Spiegel auf den freien Beifahrersitz legen. Bei kurzen Stopps zum Beispiel an einer Ampel, kann die Fahrerin den Spiegel in die Hand nehmen und gefahrlos einen Blick auf das Treiben auf den Rücksitz werfen.
- Kinder, auf die die ganze Truppe immer wieder warten muss, sind für eine Fahrgemeinschaft ungeeignet. Sprechen Sie mit den Eltern und machen Sie deutlich, dass Pünktlichkeit für eine Fahrgemeinschaft unerlässlich ist.
- Legen Sie mit allen beteiligten Eltern fest, wo die Kinder im Schulbereich aus dem Auto steigen sollen und wo man sie wieder abholt.
  Safety first! Lieber ein paar Meter weiter entfernt von der Schule halten, wenn der Aus- und Einsteigebereich dort sicherer ist. In Zweifelsfällen fragen Sie bei der Schulleitung nach. Die nennen Ihnen gerne den besten Aus- und Einsteigeplatz für Fahrgemeinschaften.

Der Spielzeugflohmarkt

Organisieren Sie mit den Familien ihrer Schüler einen Spielzeugflohmarkt. Ältere Geschwister sind gerne bereit, bei der Organisation (Handzettel verteilen, Schilder malen usw.) zu helfen.
Es ist kaum zu glauben, was sich im Laufe der Zeit für ein Spielwaren-Urschlamm im Kinderzimmer bildet. Beim Bereitstellen der Flohmarktspielsachen kann gleich so manches (natürlich gemeinsam mit dem betreffenden Kind) ausgemistet werden: kopflose Playmobilfiguren, Bonbonpapierchen und einzelne Räder von Spielzeugautos wird nun wohl niemand mehr abkaufen, aber die Kinderkassetten, alte Bilderbücher, die doofe Barbiepuppe und vieles andere mehr kommt in den Sammelkorb für Flohmarktsachen. Wundern Sie sich nicht, wenn die ersten Verkaufsverhandlungen bereits auf dem Schulweg ablaufen, und wundern Sie sich ebenfalls nicht, wenn die Schüler mit neu erworbenen Schätzen von keineswegs höherer Qualität aus dem Gefecht kommen. Spaß hat es bestimmt gemacht!

Stress zu Hause

Kein Kind kann in der Schule lernen und ausgeglichen mit seinen Kameraden umgehen, wenn zu Hause Ehestreit tobt, die Mama im Krankenhaus liegt oder der Goldhamster gestorben ist. Solche Dinge nehmen das Kind ganz erheblich mit. Ein kurzer Anruf in der Schule und eine Mitteilung, dass das Kind gerade unter einer besonderen Belastung steht – ohne Details zu nennen – würde bewirken, dass die Lehrerin eben mehr Verständnis zeigen kann und das Kind wenigstens in der Schule nicht noch durch zusätzlichen Stress („Pass doch endlich auf!") belastet wird. Auch die Schule kann sich in solchen sorgenvollen Zeiten als „Heimat" entpuppen. Sprechen Sie mit den Eltern am Elternabend darüber und trauen Sie sich, zum Wohle des Kindes bestimmte Eltern auch direkt darauf anzusprechen.

„Come-back" für Schulklamotten

Alle Gegenstände, die im Laufe der Zeit mit in die Schule wandern – Turnschuhe, Handschuhe, Mützen usw. –, sollten unbedingt mit Namen versehen werden.
Viele Kinder wissen nämlich selber nicht mehr, welche Mütze ihnen gehört. Vor allem, wenn es ähnliche gibt oder das Kind zu viele Mützen besitzt, um sich mit „seiner" Mütze identifizieren zu können.
Zu Beginn des Schuljahres klappt das Beschriften meistens sehr gut, aber spätestens um die Weihnachtszeit herum, beschriftet niemand mehr. Darum ist eine kleine Erinnerung, zum Beispiel auf dem nächsten Brief an die Eltern, sinnvoll.

Keine Unterbrechung

Unterbrechen Sie nie den Unterricht – es sei denn, im äußersten Notfall!
Wer mit dem Lehrer sprechen möchte, muss seinen Besuch unbedingt ankündigen. Auch wenn Sie genauso gerne mit den Eltern reden möchten, geht die Aufsichtspflicht für die Kinder immer vor.

Kompetenzbereich

Lehrer müssen oft die Aufgaben der Eltern übernehmen und die Eltern oft die Aufgaben der Lehrer. Das sollte allen Beteiligten klar sein. Dem Kind zuliebe dürfen keine Mauern um Kompetenzbereiche gezogen werden.

Und dann auch noch die Hausaufgaben ...

Auf einem Elternabend zu Beginn des Schuljahres sollte Grundsätzliches über Hausaufgaben mit den Eltern besprochen werden.

- Kinder benötigen einen ruhigen, wenn möglich immer den gleichen Arbeitsplatz. Störungen durch Fernsehen, Radio und Ablenkungen durch andere Familienmitglieder beeinträchtigen die Konzentration erheblich.
- Der beste Zeitpunkt für die Hausaufgabe ist individuell verschieden. Es hat sich aber gezeigt, dass nach der Schule eine gewisse Ausruhphase bzw. körperliche Bewegung nötig sind, um wieder leistungsstark zu sein.
- Hausaufgaben im letzten Augenblick zu erledigen, heißt arbeiten unter Zeitdruck. Arbeit unter Stress bringt keine guten Ergebnisse hervor, außerdem ist es eine zusätzliche psychische Belastung für das Kind, oft sogar für die ganze Familie.

Hilfe bei Hausaufgaben

- Die wichtigste Hilfe der Eltern bei den Hausaufgaben ist ihr grundlegendes Interesse an schulischen Arbeiten, so wie Ermutigung, Lob und Kontrolle. Ziel bleibt, dass das Kind Hausaufgaben selbstständig und alleine erledigen kann.
- Je mehr Interesse die Eltern für die Schule zeigen, umso mehr werden sie sich auch um schulische Belange kümmern, insbesondere wenn zusätzliche Aufgaben, zum Beispiel lernen vor Klassenarbeiten, dies erfordern. Dabei ist es für das Kind umso motivierender, wenn die Arbeit nicht in sturer Paukerei, sondern in lustiger, spielerischer Form abläuft; zum Beispiel kann man Vokabeln gut sichtbar und einsehbar auf folgende Weise ausfragen: Kind und Elternteil stehen vor der Treppe. Für jedes richtig genannte Wort darf das Kind eine Stufe höher steigen. Für jedes nicht gewusste oder falsche Wort, steigt das Kind wieder eine Stufe hinab. Ziel ist es, möglichst ohne Komplikationen auf der obersten Treppenstufe anzukommen. Auf die gleiche Weise kann man natürlich auch Rechenaufgaben stellen, Umwandlungen (zum Beispiel in andere Einheiten) vornehmen, Fragen in Sachfächern beantworten lassen usw.

Probleme mit Hausaufgaben

„Die Hausaufgabe mach ich später!" – Wenn ein Kind ungern und nur mit Widerwillen an Hausaufgaben herangeht, sollte es bereits gelobt und ermutigt werden, wenn es „die Zähne zusammenbeißt" und beginnt. Sämtliche Faktoren, die die Konzentration beeinträchtigten, müssen ausgeschaltet werden. Gespräche über den Sinn und die Bedeutung der Hausaufgaben helfen dem Kind, Einsicht in die Notwendigkeit der Hausaufgaben zu bekommen.

Zu viel Hausaufgabe

Nicht jeder Mensch ist jeden Tag gleich gut in seiner Leistung. Ermuntern Sie die Eltern, im Falle eines „schlechten" Tages, wenn sie sehen, dass sich das Kind schon viel zu lange mit den Hausaufgaben plagt, die Aufgabe an dieser Stelle mit ihrer Unterschrift zu beenden. Dieses Zeichen signalisiert dem Lehrer, dass hier ein Zeitproblem auftrat, von dem die Eltern Kenntnis haben, und es auf diese Weise beendet wurde.

Hausaufgaben sollten nicht länger als eine Stunde dauern – Ausnahmen sind ab und zu erlaubt. Wenn das Kind aber generell länger über den Hausaufgaben brütet, stimmt etwas nicht! Zuerst wird man ein Gespräch mit dem Kind über mögliche Gründe führen: Hat es etwas nicht verstanden? Liegt es am Schreibtempo (testen Sie den Füller!)? Führt das Gespräch zu keinem sichtbaren Erfolg, so ist ein Eltern-Lehrer-Gespräch dringend nötig!

Lob und Belohnung

- Für erledigte Hausaufgaben wird natürlich ein Lob ausgesprochen und wenn nötig eine Belohnung in Aussicht gestellt. Zum Beispiel: „Wir spielen nachher eine Runde Karten, Fußball …"
- Wenn eine Woche lang die Hausaufgaben ohne Schwierigkeiten erledigt wurden, geht die Familie gemeinsam ins Kino oder tut etwas anderes, was das Kind gerne macht.
- Viele Kinder beginnen zwar die Hausaufgaben (zum Teil auch recht motiviert), verlieren alsbald die Lust und vertrödeln eine Menge Zeit. Zunächst ist es wichtig, alle Störfaktoren zu beseitigen. In einer kurzen, ermutigenden Mithilfe wird dem Kind gezeigt, dass es die Arbeit gut und rasch bewältigen kann. Lob und positiver Zuspruch ist von größter Bedeutung. Auch eine Belohnung kann in Aussicht gestellt werden. Diese ist umso reizvoller und motivierender, wenn durch rasches Erledigen der Hausaufgabe mehr Zeit für die Belohnung zur Verfügung steht.

Mach mal Pause!

Sicherlich wird es vorkommen, dass einmal mehrere Hausaufgaben zu erledigen sind und das Kind einen Tiefpunkt in der Leistungskraft erreicht hat. Jetzt ist eine Pause notwendig. Diese Pause dient dem Wiederaufbau der Kräfte, sie soll zeitlich begrenzt und überschaubar sein. Gut geeignet sind körperliche Aktivitäten wie Trampolinspringen, Seilspringen, ein Tischtennismatch.

Dauert die Hausaufgabe ausnahmsweise voraussichtlich länger als eine Stunde, so sollte nach 45 Minuten Arbeit eine Pause von ca. 20 Minuten stattfinden!

Solidarität

Eltern sollten es nicht gestatten, dass andere Familienmitglieder vor dem Fernseher sitzen oder fröhlich singend und lärmend durchs Haus tanzen, solange noch ein Kind über seinen Hausaufgaben sitzt.

„Bestrafung" ist unfair

Kinder, die Hausaufgaben rasch und gründlich erledigt haben, dürfen nicht mit zusätzlichen Aufgaben „bestraft" werden: „Prima, jetzt hast du ja sogar noch Zeit, die Hanna vom Kindergarten abzuholen!"

Schriftlich oder mündlich?

Achtung! Die schriftliche Hausaufgabe ist meistens nur ein Teil der gesamten Hausaufgabe. Muss da vielleicht noch eine Geschichte im Lesebuch gelesen oder eine Liedstrophe auswendig gelernt werden? Sensibilisieren Sie die Eltern dafür!

Solche Hausaufgaben werden von den Kindern sehr gerne unter die Rubrik „Unwichtiges“ abgelegt.
Auch nach Briefen, Rundschreiben usw., die oft in den Tiefen des Schulranzens verschollen auf ihre Bergung warten, sollte von den Eltern ab und an geforscht werden.

Zuschauer

Aktive Kinder brauchen aktive Eltern. Deshalb weisen Sie die Eltern daraufhin, dass sie nach Möglichkeit niemals versäumen, einem Theaterstück, Konzert, Liederabend, Schulfest oder einer Sportveranstaltung beizuwohnen, bei dem das Kind aktiv teilnimmt.

Tipp:
Wenn die Eltern ausnahmsweise absolut keine Zeit haben, kann eine andere „ehrenwerte" Person, wie beispielsweise die Oma, der Opa oder die Nachbarin die Eltern als Zuschauer vertreten.

Drogen im Klassenzimmer

- Keine Panik! Versuchen Sie so ruhig und besonnen wie möglich an das Problem heranzugehen.
- Vermeiden Sie Vorwürfe! Bitten Sie das Kind um ein Gespräch. Führen Sie das Gespräch so sachlich wie möglich.
- Lehrer sind keine Drogenfahnder! Machen Sie sich nicht auf, den „Verführer“ zu schnappen! Informieren Sie die Schulleitung und ggf. auch das Schulamt!
- Lassen Sie das Kind reden und hören Sie zu!
- Zeigen Sie offen, dass Sie um das Kind Angst haben. Aber Angst allein führt nicht weiter. Stellen Sie mit dem Kind zusammen einen Plan auf, den Drogen in Zukunft auszuweichen.
- Lassen Sie sich nichts erzählen von wegen „harmlose“ Drogen! Jede Droge ist gefährlich, denn sie führt in den meisten Fällen zur nächsten.
- Dulden Sie unter keinen Umständen Drogen in der Schule!
- Suchen Sie professionelle Hilfe bei Drogenberatungsstellen.
  Stellen Sie Kontakt zwischen den Eltern und Eltern von anderen betroffenen Jugendlichen her.
- Suchen Sie die Hilfe rechtzeitig! Wenden Sie sich auch schon an Fachleute, wenn nur ein leiser Verdacht in Ihnen schwelt. Und noch ein Hinweis:
  Manchen Eltern ist die Situation, zu einer Suchtberatungsstelle in der Nähe zu gehen, peinlich. Besonders auf dem Land, wenn man vielleicht sogar jemanden kennt, der dort arbeitet. Suchen Sie nach Adressen von Beratungsstellen in anderen Landkreisen.

- Ein Drogenproblem entsteht nicht von heute auf morgen. Genauso wenig wird das Problem von heute auf morgen wieder verschwinden. Geduld ist gefragt. Jede Veränderung, jede Entwicklung braucht Zeit. Reden Sie mit den Eltern darüber! Viele Eltern werfen die Flinte frühzeitig ins Korn, weil sie auf der Suche nach der „Wunderheilung“ oder der „Zauberformel“ sind.
- Auch im Umgang mit Alkohol, Nikotin und Tabletten prägen die Eltern das Verhalten des Kindes durch ihr Vorbild.
- Zeigen Sie dem Schüler, dass Sie ihn nach wie vor schätzen und versichern Sie ihm, dass Sie ihn nie allein lassen werden und ihm immer zur Seite stehen werden.

Lernen Sie den Schülern, dass sie ihre Lehrer informieren, wenn sie von Drogen oder Waffen im Besitz von Mitschülern wissen. Hier handelt es sich nicht um „Petzen“ sondern ums Überleben!

Frust fort durch Sport

Sport ist langfristig gesehen die beste Möglichkeit, aufgestaute Aggressionen abzubauen bzw. dem Bewegungsdrang der Kinder entgegenzukommen.
Sport in Gruppen bzw. Vereinen macht noch mehr Spaß und stärkt darüber hinaus das Sozialverhalten.
In der Schule kann Freizeitsport nicht nur angeregt, sondern durch das Interesse aller in dieser Klasse unterrichtenden Lehrer auch in Gang gehalten werden.

- Termine für Sportturniere werden im Klassenkalender festgehalten.
- Fotos, Zeitungsausschnitte und Urkunden werden im Klassenzimmer aufgehängt.
- Mit den Trainern der jeweiligen Sportvereine kann vereinbart werden, dass einzelne interessierte Kinder zu „Schnupperstunden“ eingeladen werden.
- Wohnt eine berühmte „Sportskanone“ am Ort, kann sie vielleicht in die Schule eingeladen werden und von ihrem Aufstieg, dem täglichen Training usw. erzählen.

Die Elternlotterie

Während des gesamten Schuljahres werden in jeder Klasse eine Menge Dinge gebraucht: Kleber, Stifte, Buntpapier, Scheren, Knete, Würfel, Papprollen (aus dem Innenleben von Toilettenpapier, Küchenrollen und dergleichen), Korken, kleine Schachteln und vieles mehr.
Mithilfe der Eltern sind diese Sachen schnell zusammen und die Eltern sind meist gerne bereit, mitzuhelfen, wenn sie nur wüssten, was fehlt. Für eine Elternlotterie schreibt man die genaue Bezeichnung von jedem benötigten Material auf ein Zettelchen, rollt die Zettel dann wie Lose zusammen und schiebt sie in Abschnitte von dicken Plastiktrinkhalmen. Voilà, hier sind die Lose!
Alle Lose kommen in eine Schachtel und die steht am Pult bereit, wenn der erste Elternabend stattfindet.
Wer will, darf vor dem Nachhausegehen ein Los ziehen (oder zwei, oder drei ...) und besorgt dann in der nächsten Zeit das entsprechende Material.

Rat-Schläge

Denken Sie daran: Auch Ratschläge sind Schläge! Gehen Sie äußerst sparsam und gezielt damit um!

Das Sandwich-Prinzip

Wer den Eltern in der Elternsprechstunde eine schlechte Nachricht überbringen muss, denke an ein Sandwich. Die schlechte Nachricht wird zwischen zwei gute gepackt und ist auf diese Weise leichter verdaulich.

Allergien

Immer mehr Kinder leiden unter Allergien. Lassen Sie sich von allen Eltern schriftlich geben, unter welchen Allergien oder Krankheiten das Kind leidet bzw. dass bei diesem Schüler keine jetzt bekannten Allergien vorliegen. Immer wieder passiert es, dass Kinder zum Beispiel auf einem Schulausflug in Lebensgefahr geraten, nur weil die Lehrerin nichts von einer bestehenden Allergie wusste.

Die XY-Werkstatt

Ab und zu sollten sich am Nachmittag oder am frühen Abend die Tore der Elternwerkstatt öffnen. Einmal gibt es vielleicht die Puppenklinik, in der fehlende Teddybäraugen transplantiert, „offene Beine“ verarztet und der Barbiepuppe der ausgekugelte Arm wieder eingerenkt wird.
An einem anderen Tag werden in der Elternwerkstatt Fahrräder wieder verkehrstauglich gemacht und in der Weihnachtszeit werden kleine Geschenke gebastelt. Die Kinder sind schrecklich stolz auf die Talente ihrer Eltern, Gespräche unter den Eltern werden in Gang gesetzt, man lernt sich kennen und schätzen und trägt aktiv etwas zur Klassengemeinschaft bei.

Abgestempelt

Ein Kind, das in der Schule ein besonderes Lob erhielt, oder das seinen Eltern eine wichtige Mitteilung machen soll, erhält einen lustigen Stempel auf die Hand. So erinnert es sich bestimmt ans Überbringen der Nachricht und auch die Eltern werden den Stempel sehen und können nachfragen. Achtung: Niemals für negative Botschaften missbrauchen!